ぐっどうぃる博士の恋愛相談室

男が本当に考えていることを知る方法

ぐっどうぃる博士 著

KORYOSHA BOOKS

はじめに——この本を手にとったあなたへ

僕はこれまでいろいろな本に出会ってきました。そして、どうやら本には出会うべき時期があるということに気がつきました。そうでない時期に読んでしまうと、文章の意味は消え、ただ文字が羅列しているだけになってしまいます。そしていつかその本に出会うべき時期がきたとき、読む気がしなくなってしまう。つまり、「この本は読んだことがある」となってしまうわけです。それはどんな良い本にも言えることでしょう。

もし、あなたがまだ若いのなら「老後の幸せな過ごし方」という本を読んでもピンと来ない。まだその本とは出会うべきではないのです。でも一度読んでしまうと、「老後の幸せな過ごし方」は「読んだことのある本」というカテゴリーに入ってしまうわけです。

そこで、この本を手にとったら、まず目次を開き自分に関係しそうな項目を見つけ、読んでみてください。この本があなたにとって出会うべきものかをチェックします。ピンとこなかったら、少なくとも今はこの本を買うべきではありません。たとえあなたがこの本を誰かにもらったとしても同じことが言えます。読んでピンとこなかったら、今すぐ押し入れにしまうか、古本屋に売ってしまうことを勧めます。
一方、もし興味のあるページが見つかり、読んで眼から鱗が落ちたら、この本のどの章もあなたを助けるでしょう。

恋愛で苦しんでいる女性は多い。
付き合う前は、
・大好きになった彼をどうしても手に入れたい。でも、ぜんぜん脈がない。
・イイ線までいっていたはずなのに、あるところで突然距離を置かれてしまった。
・体の関係はあるのに「僕は人を愛することができない」などと言われ、付き合ってもらえない。
また、付き合っているときは、
・以前の彼はすごくテンションが高かったのに、今は連絡さえほとんどくれない。
・すごく束縛するくせに、自分は信じられないほど身勝手なことばかりしている。
・突然「一人になりたくなった」と言われ、距離を置かれてしまった。いくらメールや電話をしても返事が来ない。

さらに、別れた後、

・意味不明な理由で振られてしまった。どうしたらよいかわからない。

・復縁したい。どうしても彼を取り戻したい！　でも頑張れば頑張るほど彼は離れていってしまう。

そして、不倫の苦しみ。

このような問題がひどくなると、女性たちは1日中泣いていたり、食事もできなくなったりする。体調を崩して仕事が手につかなかったり、なかには、死にたいと思ってしまう人もいるようだ。そんなとき、強い不安や苦しみが彼女たちを包んでいる。はるか昔の話になるが、僕は大失恋をした。そのとき、同様の強い不安や苦しみが僕を包み込んでいた。その苦しみが、僕を手当り次第に女友達に相談させ、恋愛の本を読みあさらせた。そうして僕は、1冊の本に偶然出会うことになる。それはジョン・グレイ博士の『ベストパートナーになるために』だった。そこに書いてある文章を読んでいるうちに、僕の時間は止まった。僕の行動のすべてがそこに記述されていたのだ。僕の人生は、すべて僕の意志で選び、決めてきたと信じていたのに、ジョン・グレイという名も知らぬ男性が僕の行動をその本の中で予言していたのである。その当時見ていた映画や自分の専門分野なども手伝って、「人間は自分で人生を決めているのではない、ある決まったプログラムにそって動いているだけなのだ」と気がついた。僕は出会うべき本に出会うべきタイミングで出会ったのだ。そこで僕は、自分の行動、女性の行動、この世界の成り立ちについて、とことん視点を変えて見始めた。もともと物事の本質をつかむのが得意な僕にとって、半年もしないうちにこの世界がまったく違って見えてきた。

そこに三人の女性が登場する。三人の女性にはそれぞれ恋人がいたが、彼女たちは、それぞれの恋人にぜんぜん振り向いてもらえず苦しんでいた。そこで、僕はその女性たちを使って、「人間は皆同じプログラムにそって動いているか？」を確認することにした。うまくいく確信はあった。恋人たちが送ってくるメールをすべて僕に転送させ、僕の言うタイミング、僕の考えた内容で返信させた。すると男性たちは、皆同じように彼女たちに狂い始めた。三人の彼氏は彼女なしではいられなくなったのだ。これは快感だった。やはり、人間というのは自分で考えているようで、決められたプログラムにそって動いていると思った。さらに言えば、僕は自分が見つけたその方法で、自分を振った女性を取り戻すことにも成功した。

それから僕は、取り憑かれたように何年も徹底的にシミュレーションと検証を行った。もちろん多くの本を読んだ。ほとんどの本はつまらない意味のない本ばかりだったが……。僕は同時に「幸せとは何なのか」「人生とは何なのか」に関しても、過去の大失恋以降ずっと考えていた。一方、一時はうまくいっていた三人の女性のうち、幸せになった人は一人だけだということを知った。他の二人はまた元の泥沼に戻ったり、別の恋人と以前と同じような関係になってしまっていたのだ。

僕はひとつの結論を得た。恋愛（もしくは人生）で苦しむ大きな原因のひとつは、無知であると。相手を正確に知り、自分を正確に知り、この世界を正確に知れば、苦しむことはずいぶん減るということがわかった。これは偶然にもお釈迦様（原始仏教）の教えにも同様のことが述べられていた。

そんなとき、あるポータルサイトで働く友人が、僕に「ブログを書かないか？」と聞いてきた。彼女は、僕が「くだらなくて面白い文章」を書くことを知っていた。彼女が求めているのはそういうブログだったのだろう。でも僕は、この自分が気づいたことを教えることで、無知によって起こる恋愛の悲劇を減らしたいと考え、「恋愛のスキルを教える文章なら書いてもよい」と返事をした。そのポータルサイトは女性向けなので、恋愛相談は女性限定とした。そして、女性を幸せにすれば、自然と男性も幸せになることを僕は知っていた。

そのような経緯でできたのがこの本である。この本は、目次を見て自分が興味を持っている順に読めばよいように作ってある。人は最初、自分に起きた問題にしか興味がない。だから、そのような人のための入り口とした。

しかし、それぞれの章はお互いにインタラクティブになっている。いろいろな章を読み進めていくにつれ、あなたの知識は深みを増すに違いない。逆に言えば、1つの章を読んだだけでは一時的な解決にしかならないだろう。すべての章を読んだとき、あなたは恋愛において強い力を持つようになっているはずだ。

また、もしそれでも僕の言っていることがわからないときは、検索エンジンで「ぐっどうぃる博士の恋愛相談室」を検索し、僕のサイトにくれば、過去の実際の相談とそれに対する僕の助言を見ることができるだろう。

それらをずっと読んでいるうちに、自分が何をするべきかが自然にわかってくると思う。そのようにして、僕が信じる「恋愛において幸せになるスキル」を得てもらえたら嬉しい。そして、この本をきちんと理解したとき、あなたはこれまでと違った恋愛を味わうであろうことを私は予想する。その新しい感覚こそが、僕が読者に知ってもらいたかった感覚だ。

実はこの本はスキルを超えている。原理原則が含まれている。それは恋愛を入り口としているが、最後には「生きるとは何なのか？」「人生とは何なのか？」を考えるきっかけにもなっている。そのようにこの本を作ったのだ。いままで恋愛や恋人に振り回されていたあなたは、この本によって、以前よりずっと恋愛を楽しめ、運命や人生を「味わえる」ようになるだろうと信じている。

この本を出版するにあたって多くの方々に協力をしていただきました。

特にこの本の出版の企画を持ち込んでくださり、様々な面で多大なる協力をしてくださった高橋未玲様、ハイセンスなカバーデザインと本文のイラストを描いてくださった岩佐カオル様に心から御礼を申し上げます。

さらに、「ぐっどうぃる博士の恋愛相談室」の様々な面で協力してくださった、つくば周辺の女性のための情報サイト（シティネット）の齋須陽子様およびスタッフの皆様に深く御礼申し上げます。

そして、「付録　ぐっどうぃる博士の恋愛相談室」に掲載の許可をしてくださったブログ読者の方々に心から感謝いたします。また、本の題名を考えてくださったり、温かく応援してくださった、ブログの全読者の皆様に深く御礼申し上げます。

最後になりますが、本の刊行にあたって、すべての過程で大きく牽引し、貢献していただいた、高陵社の高田信夫社長にはこの場を借りて心から御礼申し上げます。

平成18年5月

ぐっどうぃる博士

目次

第1章　落ちない男を落とす方法

「私、○○君を好きなんです、○○君を私に振り向かせる方法はありませんか？」と、よく相談されるが、僕はまず言う、「無理でしょう」と。というのは、おそらく彼女は、その男性を手に入れるための努力をしてきたのだろうが、多くの場合、その努力は的はずれで、逆に相手のテンションを下げてしまっているからだ。一度相手のテンションを下げてしまったら、もう、その相手は、ほとんど確実に手に入らないだろう。一方、妥当な手段を使って相手を手に入れようとして手に入らないのなら、それは僕が知る手段を教えたところで役には立たない。だから「無理でしょう」と言うのだ。

では、落ちない男を落とすのは本当に無理なのかというと、そうとも言い切れない。これから語る6つの方法を用いることにより、あなたが好きになった男性の心を手に入れる可能性が格段に高くなるだろう。それらは1つでも力を持っているが、総合的に用いることで、その力は相乗的に増す。手に入りそうもない、いい男を落とす女性たちは、これら6つの方法のうちの1つあるいは複数を、知ってか知らずか使っていることが多いと僕は考えている。

落ちない男を落とす6つの方法

(1) 見た目を磨く

男性にとって女性の見た目は極めて重要である。あなたが思っているより、ずっと重要だ。男性の本能は女性の美しさに簡単にとらわれる。外見のキレイさだけで、心の中まですべて美しいと思ってしまうこともあるくらいだ。したがって、男性を落とすためには、自分の外見を良く見せることは必須と言えるだろう。好きな男性を手に入れることがあなたの人生の目的なら、美しくなるためには手段を選ばないというくらいでちょうどよい。大金をかけて美容整形やエステをする価値だってある。僕から見て驚くことは、恋愛で悩んでいるにもかかわらず、自分の見た目に気を遣っていない女性が意外と多いということだ。白髪があれば染める。太っていたら痩せる。服のセンスやメイクの技術を磨くなど、思いつくことは何でもすることが大切だろう。

それに対して、「見た目ばかりを取り繕ったってしかたがないと思う。今のままの自然な私を受け入れてくれる男性を探すから放っておいて」とあなたが言うのなら、その信念を貫いてほしい。その代わり、好きな人ができてその人があなたを好きにならなくても、それを受け入れる覚悟が必要となる。また、あなたを好きになる男性が確実に減ることも覚悟しなくてはならない。

おとぎ話のように、いつか誰かが運命的に現れて「今のままの自然なあなた」を受け入れれてくれると信じているのなら、それはやめたほうがよい。いつか宝くじで3億円を当てるようなものだ。はっきり言ってしまえば、素敵な男性に愛される女性は、それ相応の努力をしているか、生まれつき外見に恵まれていることに気がつくべきだ。

また、「第3章　男性に本気で愛されるコツ」に書いたが、男性が女性を好きになる過程には段階がある。多くの男性は、最初は見た目からあなたを好きになる。そしてその次にあなたの人格をも愛するようになるのだ。いったん人格を愛せば、あなたの持ついくつかの欠点をも受け入れるようになるだろう。自然なあなたを理解しようとするかもしれない。とにかく見た目を磨くことは、恋愛において必要不可欠と言えるぐらいにとても重要だ。

ところでキレイになるには、相手と自分をよく知ることが大切だ。ターゲットになる男性がいれば、その男性にとってキレイであるように見せる。いなければ、自分が好きになるであろう男性の好みを想定してキレイに見せ、出会ったときに備えるべきだ。そして、キレイな女性の共通点は、セルフ・ブランディングができていることだと思う。あなたは自分をイマイチと思っているかもしれないが、僕に言わせれば案外そうでもないはずだ。ほとんどの女性は、その女性独特の魅力を持っている。それに気づき、自分には何が似合うか、どこを際だたせれば魅力が増すかを意識し、上手に見せていくことが大切である。キレイな女性とそうでない女性の差は、その気遣いにあると思う。それは多くの女性誌で特集されているだろうから、研究してみてほしい。このようにして見た目を磨けば、あなたを好きになる男性は増え、あなたが好きな男性を落とせる可能性は高まるはずだ。

(2) 彼に気があるとばれてはいけない

恋愛対象外の女性が自分に気があると確信した瞬間、男性の心は冷める。対象外の女性にとって、目的の彼に気があるとばれた時点で、恋愛の駆け引きは失敗だ。男性は自分に向けられたその女性のテンションに、うっとうしさや、場合によっては恐怖すらを感じて引いてしまうことがある。ふと気がつけば、メールを出しても返事がこない、食事に誘っても「忙しい」と断られるようになっているだろう。あなたにそういう経験はないだろうか？対象外のあなたが、もし彼に気があるとばれてしまった場合、後に述べる項目(3)や(4)がほとんど無意味になるだろう。あなたが相手をいくらほめても、同調しても、彼にとってそれは、自分を手に入れるための手段と映ってしまうからだ。そして(6)も難しくなるだろう。したがって、もし今あなたがその状況にいるのなら、彼が感じている「自分に気がある」という確信を打ち消すような行動をするべきだと思う。そして同時にほかの5つの行動をとるのがよいだろう。

さらに、恋愛対象内の女性であっても、相手に気があると確信させてはいけない。「彼女は僕に気があるのかもしれない。でも単なる気まぐれかもしれない」という距離にいるのがよい。ほどよい距離感で男性の狩猟本能を刺激するのである。ほかの恋愛指南書にもあるが、恋愛では常に男性が女性を手に入れるという心理的構図を作るべきだ。「第6章・第7章　駆け引きのしかた」では、自分が相手の「対象内」と「対象外」の場合の駆け引きのしかたについて語っている。相手を手に入れるために、とても重要なので読むことを勧める。

(3)　彼の価値観や世界観を見極め、心から尊敬しほめる

ほぼ例外のないことだが、男性は自分の世界観を認め、尊敬してほしいと思っているので、彼の価値観や考えに理解を示し、心から尊敬しよう。男性は、そういう女性を理解者だと思いこむ。ただし、ただ「すご～い！」などと表面的に驚いているだけでは意味がないし、とんちんかんなところをほめたり同調しても、しかたがない。相手が言ってほしいことを先回りして言えるくらいに、彼の興味に深い関心を示す必要がある。

では、彼の価値観はどのようにして知ればいいのだろう？　ここに男性の価値観の簡単な見分け方に関して述べる。彼が誰かを批評したときは、よく聞いていよう。批評は、その人の価値観をそのまま表している。たとえば、彼がブランドものを買う人間をけなし、「どうして古着屋とかで、自分のセンスで選んだ服を買えないんだろう？」と言っていた

ら、それがそのまま服という話題を通して語られる彼の価値観だ。そんな彼に、「○○くん、センスいいよね。どうやって服のセンスを磨くの？」と、さらに深く聞いていけば、彼は嬉しくなり、うっとうしいほどしゃべり始めるだろう。でもそんな彼をうっとうしいと思ってはいけない。ここは、彼がどのような服にどのような価値観を置いているかを知るチャンスだからだ。そして、彼に対して理解と心からの尊敬を示すことにより、彼とあなたの心の距離は近づくはずだ。

たぶん彼はいろいろな価値観を持っているだろう。服への価値観、仕事に対する価値観、恋愛観、倫理観などなど。それらは一見バラバラに見えているが、相互に繋がっているはずだ。彼の言動はすべて彼の世界観に従っているからだ。したがって、そういった価値観のひとつひとつの断片をつなげていけば、最終的には彼の世界観を理解し、そこから彼の言動を矛盾なく説明できるはずだ。もしあなたの知る彼の世界観と彼の行動との間に矛盾があるのなら、あなたは、より深く彼を知る必要があるだろう。

また、一緒に飲んでいるときなどに彼がグチを言い出したら、それはチャンスだ。グチはまず黙って聞こう。そして、それが仕事上のグチならば「あなたには能力がある、上司があなたを認めないだけよ」などと、彼をほめることである。要は気持ちよくしてあげるのだ。そして、これまで理解してきた彼の価値観や世界観にそって彼をほめて、気持ちを満たしてあげよう。彼のグチがいつのまにか、彼の人生観や世界観の話になっていたら、その飲みは成功だ。彼は帰る頃にはとても嬉しくなり、あなたに好感を持っているだろう。そして別れ際には、「○○くんと話すと盛り上がるね！　今日は楽しかった」とまたほめよう。このようにして彼の世界観を理解したら、あなたに恋の女神がほほえみ始めるだろう。多少の時間と手間のかかることではあるが、好きな人にだったらできるはずだ。

最後にもうひとつ、ほとんどの男性の話は、その大部分が自分の価値観の話ということを覚えておこう。だからいつも注意して彼の話を聞き、彼を理解し、支持者になろう。

(4) 相手の劣等感と過去の傷をさぐり、慎重に扱う

男性を落とすには、その男性の劣等感を知ることも大切だ。劣等感は、相手と自分とを隔てる大きな壁を作っている。もし好きな人の心の壁の内側に入れたら、あなたは本当にその人のそばにいられることになる。劣等感は、価値観よりもずっとわかりやすい。見た目に欠点があれば、それはほとんどの場合、確実に劣等感になっているし、いろいろな人がその人を非難しているなら、まさにそのことが本人の劣等感になっている。実は本人は他人の非難をちゃんと知っている。ふだんは自分が傷つかないように、価値観や世界観で劣等感を大切に覆い、見ないようにしているだけなのだ。だから、好きな人の劣等感がわ

かったら、決して安易にその話題に触れてはいけない。

もし、ほかの人が本人の目の前で偶然、彼の劣等感に触れるようなことを言ってしまったら、一般論として自然にそれを否定するように努めよう。また本人がその話題に触れた場合、それが劣っているという考えを自然に否定して彼の自信のある部分、つまり価値観をほめ、世界観を認めることが大切となる。

たとえ話をしよう。自分の好きな人が毛深い場合、確実に彼は毛深いことを気にしている。基本的にはそれに安易に触れないこと。そして誰かが毛深さを話題にしたら、「そんなのどうでもいいじゃん」とか「毛深い人、私好きかも」と、自然にフォローしよう。いかにも彼をかばうように言うのではなく、自分が思っていることを自然に言う、というニュアンスが大切だ。また、彼が「オレさぁ毛深いからさ、あまりモテないんだよね」と言ってきたら、「へえ、そういうの気にする人いるんだね。そんなのどうでもいいと思うけど」と劣等感を否定し、「そんなことより、その人がもつセンスが大事だよね」と、彼の持つ価値観を自分も心から大切にしていることを伝えよう。ほとんどすべての人が何かしらの劣等感を持ち、それを隠すように価値観・世界観を持っている。あなたは「常に彼の味方で、心はいつも彼のそばにある」と間接的に伝え続けることが重要だ。もっと細かく劣等感や価値観を見つける方法もあるが、初心者のあなたは、まずこれらを実践するとよいだろう。

また、男性の多くは、過去に何かしらの傷を抱えている。もし自分の好きな男性の傷を知るならば、あなたはその取り扱いに注意したほうがよい。たとえば、ダメ出しする女性に傷つけられた男性は、優しい女性を求めている。相手に翻弄された男性は、自分を支えてくれる女性を求める。金銭感覚のない女性に苦しめられた男性は、堅実な女性を求める。

ではそれをどうやって探るのか？　実は彼の心に深く刻まれた傷を彼は無意識に話したがっている。ちょっとした恋愛観や、過去の恋愛の話を聞くだけで彼は話し始めるだろう。その恋愛観や過去の話には、必ず彼の心の傷が含まれている。そこにあなたが入るスキがある。彼の傷をフォローできれば、彼に選ばれやすくなるだろうし、興味を持たれるだろう。だからあなたは、彼が傷ついた原因を連想させるような行動をしてはいけない。たとえば、金銭感覚のない女性に傷つけられた男性は、あなたの持っているブランドのバッグなどに敏感に反応するかもしれない。ダメ出しをする女性に傷つけられた男性は、他人を批判するあなたの言葉に恐怖を感じるかもしれないし、過去のあなたの恋愛体験の話から、昔の傷を思い出すかもしれない。あなたが失恋直後に出会う男性を敏感に観察するように、傷ついた男性はあなたの言動をチェックしている。この人は前の女性と同じ種類か、違う種類かを常に探っている。あなたのうかつな言葉は彼の心を離れさせる原因となりかねない。あなたに好きな男性がいるのなら、男性にはそのような面があることを知っておいて損はないと思う。

(5) 中身を磨く

これは難しい。本当に難しい。今までの人生すべてがあなたの中身を作っているからだ。じゃあ「落ちない男を落とす」ための中身とは何か？　英会話の能力？　海外旅行にいっぱい行っていること？　生け花や茶道などのたしなみを持つことだろうか？　答えはどれもノーである。ほとんどの男性にとってそれらは、さして重要ではない。女性は20代の後半になると、そういうものが自分を磨くことだと思ってしまう傾向があるようだが、そういった習い事は、男性を得るためには、ほとんど意味がない。いろいろな習い事をし、海外旅行に行きまくっている女性に対して引いてしまう場合すらある。男性を落とすことを目的とした場合、中身を磨くのにまず重要なのは「男心を知る能力」「男を受け入れる能力」そして、その結果として出てくる「男を許す能力」であると僕は考えている。「男心を知る能力」は、この本全般を通じて書かれているので、じっくり読んでほしい。また恋愛指南に関する良書を多く読んでほしい。読んで実践しているうちに、自分の中身が磨かれていることに気がつくはずである。

「男を受け入れる能力」に関して述べる。女性も20代後半にもなると「○○君ってマメだよね」「意外と○○君、そういうところ雑だよね」などと、いろいろな男性を評価したり、ときには「これができなくてはダメ、どうしてこんなこともできないの」と口うるさくダメ出しをしてしまいがちになるのだ。直接本人に言われればもちろん、間接的にそのように人を評価したり、ダメ出しをするのを聞くだけでも、多くの男性は恐怖感や、うっとうしさを感じてしまう。

男がもっとも嫌う女性の言動のひとつは、このような評価やダメ出しである。多くの男性は女性に安らぎや居心地の良さを求める。今のままの自分を認めてほしいと思っている。したがって、「男性をそのままに受け入れる能力」が魅力となる。その能力は「男心を知る能力」から自然に生まれるだろう。また、この2つの能力は、結果として「男を許す能力」を生み出す。これは多くの女性が愛されたいがためにしている「自分が無理をして相手のわがままを許す」とは違う次元のものだと僕は考えている。「許す能力」とは、その男性に執着がなく、その男性を自由に泳がせてあげ、縁があれば自分のもとに来ることを知っているということだ。男がどういう生き物かを知っていれば、彼がどのようにふるまおうが想定の範囲内であり、その男性に利他的で深い愛情を示すことができる。そのようにして身につけた、ほかの多くの女性と異なるふるまいが、最終的に男性を惹きつける。それらの能力が、男性を得るためにまず磨くべき女性の中身だと僕は考えている。

ところで、男女に関わりなく、相手に対して内面的な深みを感じるということは、その人と自分の価値観の近さを感じるという意味にすぎない。そういう意味で中身を磨くことは、この章の(3)や(4)で書いたように、価値観をほめ、劣等感に触れないことと直接関わってくる。ほかにも、知性や人としての深みなども、その人の重要な中身となるが、この本を手にとっているあなたなら問題はないはずだ。なぜなら、この本を手にとっていることは、起きている問題を客観視し、原因を他人にではなく自分に求め、正確に解決しようとする行動にほかならないからだ。恋愛に限らず、このような行動が知性を高め、人としての深みを増すのだろうと僕は考えている。したがって、これを読んでいるあなたは、すでに自分を磨いていることになる。

以上が男を落とすのに重要な中身である。これらを磨くことで男性を得る可能性が高くなるだろう。

(6) 駆け引き

「上手な恋愛ができない女性」や「都合のいい女になってしまう女性」は恋の駆け引きが下手な場合が多い。途中まで相手が自分のことを好きになりかけているのに、なぜか急に彼が冷めてしまい、どうしても恋人にまでなれない。それは、たまたまそういう人を選んでしまっただけなのだろうか？

たとえば彼が、「オレ、本気で恋したことないんだよね」とか「よく冷めてるって言われるよ」と言うとする。周りはラブラブなのに、彼は人を愛さない特別なタイプなのだろうか？　実はそうではない。彼は典型的な男性であり、ある種の駆け引きをすれば、いとも簡単に恋に落ちる。上手な駆け引きのしかたを知っていれば、あなたはその男性を、あなたのことしか考えられない状態にすることもできるだろう。駆け引きに関しては「第6章・第7章　駆け引きのしかた」でその基本について書いているので、参考にしてほしい。また、「第9章　冷めてしまった彼の心を取り戻す方法」も男性の心を動かす駆け引きのひとつである。「なんであんなにかわいくない女性が、いい男を恋人にしているのか？」「なんであんなに性格の悪い女が、とっかえひっかえいい男と付き合っているのだろう？」、あなたはそう思ったことがあるだろう。おそらく、彼女たちは、生まれつきかそうでないかは知らないが、駆け引きのしかたを知っているのだ。この本を読み進めて行くうちに、その女性たちが、なぜ意中の男性を手に入れているかもわかってくるはずだ。

このように、「落ちない男を落とす」ことは手間がかかるし難しいのだが、付き合った男性と良い関係を維持することはさらに難しく、別の能力が問われる。それに関しては、ほかの章で述べる。

第2章　恋愛回路の話

あなたは、「恋の病」にかかったことはないだろうか？　たとえば、相手のことが好きで好きでしかたがなくなり、どんなに相手との関係が辛くて離れたくても離れられなくなる。誰になんと言われようが、相手にどんな扱いを受けようが、どんなに自分の気持ちが届かなかろうが、切ないほど相手を想ってしまう、というように。

一方、自分の好きな人がこのような「恋の病」にかかり、自分のことしか考えられなくなれば、どんなに嬉しいだろうと思ったことはないだろうか。

それらに関わっているのが、僕がこれから話す「恋愛回路」である。恋愛回路とは、思い通りにならない好きな人を、なんとか思い通りにしたいとずっと考えているうちに、脳の一定領域にその人のことを考える回路ができるという、僕が考えた概念である。言い換えると、好きな人のことばかり考えていると、その人のことを考える習慣が自然につき、それが強い執着心となるということである。あなたに恋愛回路ができていると、相手をどうしても嫌いになれなくなる。好きで好きでしかたがなくなる。一方、相手に恋愛回路を作れば、相手はあなたから離れられなくなる。この恋愛回路が執着を生み、愛情を生み、憎しみや苦しみを生むのである。この章では、この恋愛回路の性質を語ると同時に、自分の恋愛回路を小さくする方法、そして相手に恋愛回路を作る方法を語る。

1 恋愛回路はろくなことをしない

恋愛回路ができているとき、あなたが実際に考えていることは、「いかにして相手に好かれるか？　相手に愛されるか？」ということである。この回路は愛されているときには見えないが、愛されなくなると、とたんに姿を現す。恋愛に苦しむ女性たちは、この回路ができあがってしまっている場合がほとんどだ。いつも一人の男性のことばかりを考えてしまっている。そして相手のことを考えている間に強い執着が生まれる。そこから離れることは不可能で「忘れちゃいなよ、そんなひどい男」とか「ほかにも男なんていっぱいいるじゃん」と言われても信じられなくなる。たとえ理性ではわかっていても、気持ちが彼から離れられなくなり、彼よりもいい人がいるとは思えなくなってしまうのだ。そして時には、それにより仕事に支障をきたしたり、体調をおかしくしたり、自分を嫌いになったり、相手を憎んだりすることもあるだろう。

また、恋愛回路は強い衝動を作る。苦しさから抜け出すために何か手を打ちたくなる。その打った手が失敗すると、また苦しくなる。そして、相手の言葉や行動、さらには態度があなたに強い喜びや苦しみを作るだろう。相手があなたに優しい態度をとれば、あなたの心は幸福で満ちあふれ、相手がそっけない態度や冷たい態度をとると、とたんに地獄に堕ちるような感覚を味わってしまう。

このように恋愛回路に振り回されるのはなぜだろうか？　それは原始の脳がそのような回路を作っていて、あなたに目的を果たさせようと必死になっているからなのだ。「この男を逃したら、後がない！」原始の脳がそう命令し続けているのである。このように原始の脳が必死になると、理性は翻弄され、よくないことが起こりやすくなる。理性は、原始の脳が作る衝動や感情を言語化しているにすぎなくなり、堂々巡りの袋小路的な考えが頭をめぐるようになって、彼に対して何かをしようというアイデアが生まれると、それをせずにはいられなくなる。その衝動にしたがってひとつの行動をとると、今度は「これで本当に良かったんだろうか？　逆効果じゃないだろうか？」という反省と後悔に似た感情が生まれ、それを何らかの形でフォローしたいという衝動に駆られる。そしてそれをすると、また反省と後悔が生まれる。

このようなときの考えは、ほとんど無意味か害にしかならない場合が多い。彼には、あなたが感情的で、彼に夢中で、利己的に見える。その結果、あなたは相手の思い通りになってしまうような関係を生みやすくなる。相手との関係が壊れやすくなり、手に入るはずの男性も手に入らなくなる。今もし恋愛回路によって苦しんでいるならば、彼がどんなにかっこよくても、優しくても、金持ちでも、頭がよくても、彼よりも素晴らしい人がいずれあなたの前に現れるということを、あなたは知るべきだ、今のあなたはそれを信じられないだろうが。

このように恋愛回路はろくなことをしない。ではどうするか？　あなたが恋愛で苦しむなら、恋愛回路を小さくするか、消してしまうのが一番よい。恋愛回路を小さくしたほうが、恋愛はうまくいく。好きな人は手に入りやすくなり、恋人同士の関係も良くなる。そして何よりも苦しみが減るだろう。恋愛回路を小さくすることこそ、恋愛をうまくいかせる極意だと言えよう。

2　恋愛回路を小さくする方法

恋愛回路に苦しむ症状は、薬物やアルコール依存症に似ていると僕は思っている。したがって、次の行動をとることを勧める。

物理的に離れる

彼のアドレスを捨てる、彼に会わないようにする、メールの頻度を減らす、一緒に住むのをやめる、彼とのネット上でのやりとりをやめるなど、とにかく物理的に離れることにより恋愛回路は小さくなる。

ほかに好きなことを見つける

それはほかの男性でもよいし、趣味でもよい。何でもよいから、ほかに没頭できるものを見つける。

ふだんと違う行動をとる

散歩に出てみるとか、友達と旅行に行くとか、とにかくそれまでの決まり切った生活から抜け出すことで恋愛回路は小さくなる。

彼を思い出すような行動を減らす、あるいはやめる

彼の家の前を通る、買い物に出かけたときに彼がほしいものを探す、彼が喜びそうな服を探す、彼にメールを書く、彼のことを考える……、そういった行動をいっさいやめる。彼のことを考えている自分に気づいたら、それが恋愛関係に逆効果になりやすいことを知るべきだろう。

自分を客観視する

最初のうちは、寝る前に一日の心の動きを日記につけることから始めてもよい。お風呂に入っているときに、自分の心が今どんな風に動いているのか観察するのもよいだろう。

このようにして、徐々に自分の心を客観的に見る習慣をつける。最終的には彼のことを考えている瞬間、それを自分自身が自覚できるようにする。そうすることで、自分をコントロールしやすくなるだろう。

恋愛回路は強力で、依存症の末期症状のように、ものすごい力でこの5つの行動をやめさせようとするだろう。しかし、あなたがこれを続けることで苦しみはやわらぎ、恋愛はうまくいくようになるはずだ。相手に惚れすぎずに、ほどよく恋愛をすることこそが恋愛をうまくいかせる秘訣である。

こう書くと、「そんなの愛じゃない」と言う人がいるかもしれない。確かに恋愛回路に支配されている愛は、映画になるほどロマンチックであるが、お互いの関係を破壊しやすくするのは、このタイプの愛である。あなたを苦しめるのもこのタイプの愛だ。もし、今あなたが恋愛回路で苦しんでいるのなら、それは愛ではなく執着だと僕は考える。子離れできない親を想像すると考えやすいかもしれない。本当に子どもを愛しているのなら、彼らはいったん子どもたちを自由にしてやる必要がある。そうすることにより彼らも自由になり、子どもたちとの関係もうまくいくようになる。強い執着にとらわれた関係は、あらゆる人間関係においてマイナスになりやすいことを知るべきだ。

僕が考える愛とは、相手に執着しない、執着しないがゆえに相手を憎まない、相手に期待しない、期待しないがゆえに相手に失望しない、相手に見返りを求めない、見返りを求めないがゆえに尽くしすぎない、そんな愛である。そして、そうありながら相手を想う、という心の置き方が結局は恋愛をうまくいかせるのだと思う。

3 相手に恋愛回路を作る方法

自分の心ではなく相手の心に恋愛回路を作れば、あなたは相手の心を長い間、自分だけのものにできるだろう。男性は女性に比べて恋愛回路ができにくいが、次に述べる方法により、男性の心にも作ることが可能だ。だが、この方法は手放しではお勧めできない。相手を苦しめるからである。しかし、この方法は極意でもある。

では、相手の心に恋愛回路を作る方法を教える。恋愛回路を作るには次の3つの要素が必要となる。

・相手があなたを好きでいること
・「手に入りそうで手に入らない距離」を作ること

・彼にとって貴重な存在でいること

相手があなたを好きでいること

相手に恋愛回路を作るために最低限必要なことは、相手があなたを好きであることだ。あなたが相手の恋愛対象外である場合は、恋愛回路などできない。自分が相手の対象内か対象外かは相手の態度でわかると思うが、もしわからないのなら、「第6章　駆け引きのしかた─相手と自分を知ること─」を参考にしてほしい。自分が相手の対象外である場合は、まず「第1章　落ちない男を落とす方法」を使うべきだろう。相手があなたを好きでいるのなら、彼の恋愛回路ができるまで、「手に入りそうで手に入らない距離」にいる必要があるだろう。これは、あなたと彼とが付き合っていようがいまいが同じことである。

「手に入りそうで手に入らない距離」を作ること

では、その「手に入りそうで手に入らない距離」とは、どのような距離であろうか。まず、その男性があなたを好きになったとき、男性の心は大雑把に次の3つの状態を行き来していると考えてほしい。

①相手が自分のことを愛していると確信している状態

男性は、「この女はオレに惚れているに違いない」と思っているとき、最初は自分が主導権を握っているという余裕のある態度をとる。その余裕から、「この女はオレを愛しているんだから、これくらいしてもよいだろう」と、ふだんはしないような積極性が生まれたりする場合もある。相手に悪態をついたり、からかうような態度をとる場合もある。このような態度をとりながら、一方で女性が自分を好きでいつづけているかどうかをモニターもしている。女性によってはこのとき、男性の心を手に入れるために、たくさんの愛の言葉をその男性に言う。また、この時点で彼と体の関係を持つ女性もいる。

しかし、このときあなたは慎重にならなければならない。男性は女性のこれらの行動により「この女はオレをずっと愛しているに違いない」と思い始めるからだ。この状態が続くと男性の心は冷めていく。それは、手に入らない距離にいたあなたが、手に入ったことに気がつくからだ。男性は手に入ったものに興味を失う。

②相手が自分のことを愛していると確信できない状態

「この女はオレを好きなのか？　そうじゃないのか？」という心理状態の男性は相手の顔色をうかがいながら①の状態になるように努力する。したがって「相手のニーズを満たすような態度」となる。この状態の男性はあなたの言動に敏感に反応しながら、あなたを手に入れようと、優しい言葉を言ったり、優しい行動をとったりする。「なんでこの人こんなに優しいの？」とあなたが感じるような男性がいるなら、彼はこの状態にいる可能性が高い。また、積極的にアプローチしてくる男性もいるだろう。男性によってその戦略は違うが、とにかくあなたに好かれようとする行動をとるだろう。

③相手が自分のことを愛していないと確信している状態

この状態にいる男性も①の状態に近づけようと努力するので、②の状態の男性と近い行動をとるのだが、やがてあなたを手に入れるのをあきらめてしまう。積極的な態度が減り、あなたを手に入れるためのエネルギーをそれほど使わなくなる。あの手この手といろいろな手段を使うのをやめ、あなたへのアプローチもワンパターンになっていく。それは、あなたがまったく彼を相手にしなかったからである。

また、あなたがわがまますぎたり、彼の努力に対する見返りが少ない場合、あるいは自分と性格が合わないことがわかった場合も男性はギブアップし、あなたに対するアプローチをやめるだろう（巻末に勧める『ルールズ』に書いてあることを実行してうまくいかない人へ。失敗するのは、この状態でもなおルールズに固執した結果であることが多い。あなたのハードルが高すぎるので、彼があなたを諦めてしまうのだ)。

この3つの状態で、あなたは相手が①と②の③の間をさまようように行動する。そのためには、相手がこの3つの状態のうちのどれにあたるのかを、常にあなたが把握していないといけない。①の状態に相手がいれば、そっけない態度をとることで、②か③の状態に持っていき、相手が③の状態にいれば、相手のアプローチにはまってみせて、①か②の状態へ相手を導く。1つの言動で判断するのではなく、メールや電話のタイミング、そして内容、実際に会っているときの態度などから、相手がどの状態にいるのかを推測し、流れをつかんでいこう。敏感になりすぎることはない。彼の態度が変わったかなと思ったときにこちらの態度も切り替えていけばよい。少しくらいのタイミングのずれは問題ないだろう。

よく、甘え上手の女性がいるが、このタイプの人たちは「手に入りそうで手に入らない距離」、つまり相手を①と②と③の状態の間をさまよわせるような行動を自然にとっているのだと思う。自分だけに甘えていると思いきや、急に気まぐれで別の男性のところに行ったりする。かと思うと、また戻ってきたりする。しかし、相手がどの状態にいるのかをきちんと判断できないと多くの失敗を招くだろう。甘え上手の女性たちが、ある種の男性しか得られないのは、彼女たちが恋愛の極意を知らないからだと思われる。誰に対しても同じ行動をとっているだけなので、通用する相手と通用しない相手が生まれるのだ。

ちなみに「手に入りそうで手に入らない距離」というのは、「第3章　男性に本気で愛されるコツ」に書いた「その3」「その6」の段階で通常作られる。参考までに確認しておくとよいだろう。

彼にとって貴重な存在でいること

相手に恋愛回路ができるかどうかは、そのような距離を維持すると同時に、あなたが彼にとってどれだけかけがえのない存在であるかが関係している。

たとえば、あなたがとても美しい女性なら、彼の恋愛回路は作られやすくなり、それはなかなかなくならないだろう。ほかにも、あなたが彼にとってとても楽しい人だったり、彼の唯一の理解者だったり、床上手だったり、料理がうまかったり、ともかく彼にとって貴重で喜びを与える存在であればあるほど、彼はあなたから離れられなくなるはずだ。

だから、あなたはそれらを磨くべきだろう。男性は常に、ほかの女性と会うと、無意識にあなたとほかの女性とを天秤にかけ、あなたがどれだけ貴重かを見積もるからだ。彼の見積もりで、いつもあなたが誰かに勝つなら、強力な恋愛回路が彼にできるだろう。

4 最後に

初心者の場合、相手に恋愛回路を作ろうとしている間、あなた自身にも恋愛回路ができ、時間とともに強化されるだろう。相手の出方を意識するがゆえに、彼のことばかりを考える習慣がついてしまうからだ。このことは気に留めておいたほうがよいだろう。

それから、「男は手に入りそうで手に入らない距離にいる女性を好きになると、おっしゃいますが、いったいいつまで続ければよいのでしょう」とよく聞かれるが、それに対する答えは「いつまでも」である。ずっと続ける必要がある。付き合う前にその距離をとるのはもちろんのこと、付き合っているときでさえ安心してはいけない。何の努力もしなければ、彼は時間とともにあなたを手に入れたと確信し、あなたへの興味を失っていくだろう。そのときは、再び「手に入りそうで手に入らない距離」を作り、相手の恋愛回路を強化するように行動しなければならない。そうしないと、相手は新しい女性を見つけて離れていくかもしれないからだ。面倒だが、二人が結婚して歳をとり、恋愛以上の情でつながれるまでずっと続けるべきである。慣れてくれば、その距離感作りもそれほど苦にならなくなるはずだ。

第3章　男性に本気で愛されるコツ

この本を全体にわたって読んだとき、あなたは、男性が女性を性の対象としてしか見ていないように感じるかもしれない。しかし、それがすべてではない。本来、男性と女性は違う性質を持っているし、時として本能的な利害関係において対立することもある。また、現在の西洋社会や日本社会における倫理観が女性の性格や恋愛観に近いため、男性は悪者と考えられがちなのだと思う。

僕は男性の心の底をこの本に示している。心の底というのは、感情であり、欲であり、欲を満たすための戦略である。ほとんどすべての人は、自分でも気がつかないうちに、これら心の底を理屈で上手に隠しているのだが、これを僕が赤裸々に示しているため、ここでは男性がいかにも本能だけで動いている悪人に見えるのである。しかし、このような欲望やそれを満たすための戦略は、女性にもあるはずだ。そういう意味では女性も男性も変わらない。もし僕が男性向けに恋愛の本を出したなら「女は欲深く、男を利用することしか考えてない」という風に書くだろう。

ところで男性も本気で女性を愛することがある。本気で愛したら、身を捨ててでも女性に尽くすのが男性だ。自分の楽しみなどどうでもよく、相手にすべてを捧げるだろう。そのようなとき、男性は女性が喜んでくれることこそが喜びとなり幸せとなるのである。さて、この章では、そんな男性の愛について語ってみようと思う。

1 男性の恋愛の流れ

男性の典型的な恋愛の流れのひとつを次に示す。これをふまえ、ステップをきちんと踏めば、あなたの恋愛はとてもよいものとなるだろう。

その1　多くの男性は、まず女性の見た目を好きになる。
その2　次に男性は、その女性を抱きたいと感じ、場合によってはアプローチする。
その3　その女性が手に入りそうで手に入らない状況が続くことで、恋愛感情が生まれる。
その4　男性からきちんと意思表示をした上で付き合う。
その5　体の関係を持ち、上手に恋愛関係を続けると愛情や執着が深まる。
その6　女性から一方的に離れたり別れたりすることがあると、突然強い執着心が芽生えることがある。

この中のステップその3、その5、その6において、男性の強い執着心、そして愛情を引き出すことができる。したがって、これらのステップを上手に踏めば、男性に本気で愛されることができると僕は考えている。

2 男性に本気で愛されるコツ

では、それぞれの流れにそって愛されるコツを説明していく。

その1　多くの男性は、まず女性の見た目を好きになる

男性は、一瞬で相手が自分の恋愛対象内か、そうでないかを見極める。そうでない女性は、すでにこの時点でその男性を得る可能性が極端に減るだろう。そういう意味では、美しい女性は得だ。

容姿に自信がない女性へ

最初に、容姿に自信がない女性にアドバイスをする。そう思っている女性は、まず多くの男性と出会うことが重要だろう。なぜなら、男性の好みは千差万別であり、ほとんどの男性には、「一般的には美人じゃないけど、僕好み」という不思議なストライクゾーンがあるからだ。そこにヒットすれば、あなたはその男性を得るチャンスにめぐり会えるかもしれない。

また一度だけでなく、同じ男性と何度も会っていると、あなたに対する男性の印象は変わってくる。少しずつあなたの性格やノリも見るようになるのである。したがって、たとえあなたが自分の容姿に自信が持てなくても、同じ職場やサークルなどで目的の男性と一緒に過ごしているうちに、徐々に心を惹きつけ、恋を芽生えさせることはできるだろう。その際、あなたが彼に気があることを見破られてはいけない。そして、あなたがこの段階で、ほかの女性と差をつけることが重要となる。これに関しては、「第1章　落ちない男を落とす方法」に詳しく書いたので参照してほしい。

価値のある女性になる

男性は「価値のある女性」を得ることで自分の能力を感じる。たとえば、とても美しい女性を恋人にしている男性は、「自分は美しい女性を手に入れる力を持っている」と自分の能力を感じるのだ。それはステイタスと言ってもよい。これは見た目だけではなく中身においても同様である。したがって、とても性格のよい女性、誠実な女性、周りから好かれる女性など、彼の周りの人からの評価が高い女性ほど、その男性を得られる可能性が高くなる。彼の周りにおけるあなたの評価を高くすることは重要だろう。

最初から結婚や将来を意識させない

次に「私は結婚や将来を真剣に考えている人としか付き合う気はありません」というオーラを出している女性に対して助言する。あなたが相当魅力的でもない限り、最初からあなたと結婚したいなんて男性は、ほとんどいない。トランプゲームと同様、恋愛でも勝つための上手なカードの切り方がある。男性が本気であなたを好きになるまで、そのオーラは隠しておいたほうがよいだろう。やがて相手が本気であなたを好きになり、かけがえがないと感じたらこっちのものだ。「結婚や将来を真剣に考えている人としか付き合う気はありません」というカードはその状況になって初めて切るべきである。そうすれば、彼は喜んでそれを受け入れるだろう。

ちなみに、20代後半以降の女性に男性の側からのアプローチが減る原因は、男性が、そのオーラを女性から勝手に感じてしまうからだと僕は考えている。

その2　次に男性は、その女性を抱きたいと感じ、場合によってはアプローチする

男性の多くは気に入った女性に出会うと、抱きしめたい、キスをしたい、体の関係を持ちたい、と本能的に思い始める。少なくともこのとき男性は、その女性に特別の愛情を感じることはなく、ただ性欲があるだけだ。そして場合によってはアプローチをする。なお、

経験の少ない男性、モテない男性はこの衝動を愛と感じることもあるだろう。
男性のアプローチの方法はさまざまだ。ある男性はガンガンに誘ってくるだろう。たとえば、若い男性に多いのだが、「付き合ってほしい」「結婚してほしい」「赤ちゃんがほしい」などと言い、何度も強引にアプローチしてくる場合もある。ある男性は、何かと優しい言葉をかけてくるかもしれない。また、ある男性は時々あなたと会話をするだけかもしれない。

このステップでは、女性は男性から物としてしか見られていない。少なくとも、彼の中に愛情は育っていない。だからこの段階で男性に抱かれた女性たちは、とても悲しく辛く切ない恋を経験する。そのような女性たちは、たくさんの男性と付き合っているつもりでも、男性から見れば性の対象として扱われているだけなのである。彼女たちは、男性を「しょせん男は性欲だけの生き物」などと感じたりするが、それは単に男性の本当の愛を知らないだけなのである。

ところで、一部の消極的な男性はあなたに興味があるにもかかわらず、何のアプローチもしてこないことがある。そのときは、女性が自分の好意を示し、後押しすることで、男性の心に火をつけることができるだろう。その火のつけ方に関しては「第1章　落ちない男を落とす方法」「第2章　恋愛回路の話」を参考にしてほしい。

この段階で、あなたがさまざまな手段を試しても、あなたを特別視しない男性、あなただけを好きにならない男性には執着しないほうがよい。多くの場合、そのような男性への執着は、あなたに苦しみをもたらすだけだからだ。しょせん人が人を好きになることなど執着にすぎない。「この人しかいない！」というのは一瞬の感情の動きでしかない。単なる幻想だ。「運命の人」となど、この段階ではまだ決めつけないほうがよいだろう。

その3　その女性が手に入りそうで手に入らない状況が続くことで、恋愛感情が生まれる

男性は、ある女性が手に入りそうで手に入らず、それでも手に入れたいという状況が続くと、その女性に対して恋愛感情が生まれる。男性の心に恋愛回路が作られるのである（「第2章　恋愛回路の話」参照）。

彼があなたに興味を持ち、アプローチを続けるなら、上手に駆け引きをし「手に入りそうで手に入らない」という距離感を維持しよう。この状態を続けることで、男性はその女性に執着するようになる。「第2章　恋愛回路の話」「第4章　男が本当に考えていることを知る方法」「第6章・第7章　駆け引きのしかた」などを参考に、このステップをきちんと踏むことが恋愛ではきわめて重要である。なぜなら、そこで初めて男性の愛情が生ま

れるからだ。彼はあなたを幸せにしたいと感じ、あなたの心を満たしたいと思うだろう。それが恋愛関係における、いわゆる本当の愛というやつだ。

その4　男性からきちんと意思表示をした上で付き合う

その3の状況が長引くことにより、男性の側にはその女性を恋人にしたいという感情が強く起きる。その結果、男性の側から付き合いたいと言い、二人は付き合う。この契約により、男性と女性は精神的にきちんとした特別な関係になる。多くの男性は約束を守るということを重視する。だから逆に男性は本当に好きにならないと付き合いたがらない。彼が付き合ってほしいと言って付き合う場合、一般的にはそれなりの覚悟があると考えてよい。したがって、この契約は大切だ。「付き合ってください」と男性から言わせたら、あなたは恋愛において良い位置に立てるだろう。

あなたが結婚を考えているなら、彼が告白するこのときに初めて、「私は結婚や将来を真剣に考えている人としか付き合う気はありません」というオーラを出してよいだろう。直接そう言ってもよい。それでも付き合いたいというなら付き合い、そうでないなら切るべきだ。このステップが恋愛でもっともよい交渉ができるときである。そしてこのテンションのまま結婚まで走るのも手かもしれない。

なお、ステップ3を十分に踏まずに告白を受け入れるのは危険である。それは告白ではなくアプローチの手段にすぎないからである。このような場合、相手はまだあなたを性欲の対象としてしか見ていない可能性が高い。

その5　体の関係を持ち、上手に恋愛関係を続けると愛情や執着が深まる

正式に付き合った後、体の関係をもち、上手に恋愛関係を作ると男性の執着が深まる。ここで生まれた愛情は深い。彼はあなたを心から大切にしたいと考えるだろう。彼の一生の記憶にあなたが残るだろう。この時点における上手な恋愛関係の築き方こそ、恋愛で一番難しい試練と言えるかもしれない。その極意は、距離のとり方、お互いの感情の扱い方、愛し方愛され方に集約されるだろう。

ラブラブの時期は、自由にふるまってかまわないが、相手のテンションが落ちたと感じたなら、あなたは次のことに注意したほうがよい。

・彼にあなたを手に入れたと思わせてはいけない。
・彼に尽くしすぎてはいけない。
・彼にダメ出しや要求をしすぎてはいけない。
・そして彼のしてくれたことを感謝し受け入れてあげる。

これらのことについて、より具体的なことは、この本や巻末に紹介する恋愛指南書などが教えてくれるだろうから、ぜひ読んでみてほしい。

その6　女性が突然一方的に離れることがあると、男性の心に強い執着心が芽生えることがある

その5のステップを長い時間（少なくとも半年〜1年）上手に過ごした場合、あるいは女性が一方的に男性に尽くしたあとで、突然女性から一方的に距離を置くと、男性に強い執着心が芽生える。自分のものだったはずなのに自分のものでなくなると、人はそれに強く執着するものである。これが第2章で述べた「恋愛回路」だ。この原理を利用したのが第9章にある「冷めてしまった彼の心を取り戻す方法」である。ところが、尽くしすぎる期間が長すぎて、彼に別の好きな人ができてしまった場合、これは効果を失う。したがって、あなたが彼の愛を失っていると感じるのなら、彼がほかの女性に興味を持つ前にこのステップを踏む決断をしないといけない。そうしないと、この方法を使うのが手遅れとなる場合がある。またあなたが、その5のステップで彼にたくさんのダメ出しをしていたり、たくさんの要求をしていたら、うまくいかない場合があるので注意が必要だ。

ここで彼に恋愛回路ができ、彼があなたのもとに戻ってきたいと強く言ったなら、二度

目の交渉に有利なステップが来たことになる。結婚を考えているなら、このステップを利用するべきだろう。「私は結婚や将来を真剣に考えている人としか付き合う気はありません」と言ってよいし、そのまま結婚まで走ってもよいと思う。

3 最後に

これまで述べたことをまとめると、おおよそ次のようになるだろう。

男性には相手を本気で好きになるステップがある。このステップを上手に踏めば、男性から本気で愛されるだろう。いつも恋愛に失敗する女性、体をもてあそばれる女性は、男性の選び方を間違えているか、これらのステップを上手に踏めない人が多い。ステップごとに、それ相応の対応をすることが大切である。

また、自分の言いたいことを言ったり、自分の条件を提示したりするためにも、このステップを上手に利用することが大切だ。ステップを誤ると、言うことを聞いてもらえないどころか、愛を失う可能性もある。

さらに、男性の愛が完成されたものかどうかは、その男性の経験と思慮深さ、そして知恵に依存する。低い次元の愛は利己的な執着に過ぎない。そのような男性が女性と付き合うと、相手を束縛したり、強い命令で思い通りにしようとしたりと、感情的で理性がない言動をしてしまう。低い次元の愛は本気であればあるほど、愛されるものを傷つけ苦しめる。それが若い男性にありがちなのは、まだ彼らの経験が少ないからである。しかし、痛みをともなう経験によって彼らは成長する。だが、年齢が高く経験のある男性であるにもかかわらず、なかには低い次元の恋愛行動をとる人もいる。彼らは経験から学べない人たちなので、不幸になりたくないのなら、そのような人たちとは付き合わないほうがよいだろう（「第12章　幸せになるための男性選びのコツ」参照）。

コラム１　男と女は友達になれるか？

「好きな男性がいたんだけど、告白したら振られてしまった。せめて友達になりたいけど、どうしたらいいか？」と、たずねられることがよくあるが、僕は「まず無理でしょう」と答えることにしている。男と女が友達になるのが無理なのではなく、この状況にある彼女が彼と友達になるのが難しいのだ。

異性間の関係というのは、実は少なくとも2つの側面を持った複雑な関係であると僕は考えている。ひとつは「性の対象としての関係」、もうひとつは「性の関わらない人間同士の関係」である。この2つのうち、「性の対象としての関係」は、より生物学的な利害関係が関わっている、ある意味で共生関係と言ってよい。そしてこの関係は本能に強く支配されているため、場合によってはなんとも言いがたい強い衝動が、あなたを動かそうとしたり、自分にはどうしようもないほど切なかったり、苦しかったりする。遺伝子に強く支配された、あなたにコントロールできない領域だ。

では、遺伝子は何を考えているのかということを強引に簡単に説明すれば、こんなことだと思う。男性も女性も子孫繁栄のためにお互いを必要としている。男性は女性がいないと子どもを得られない、女性も男性がいないと子どもが得られない。同時に、男女は互いに自分の利益を最大にしようとする。男性は、ある程度魅力的な女性をたくさん見つけ、その女性たちと関係を持ち、より多くの自分の遺伝子を残そうとする。一方、妊娠期間や子育て期間がある女性は、優秀な一人の男性を手に入れ、子育てを終えるまでキープしようとする。この部分において、お互いの利益は同じではない。このような生物学的戦略が、女性に強い独占欲や嫉妬心などの衝動を与え、男性には性衝動や浮気心などを与える。遺伝子は異性を交渉相手と考え、僕たちにこのような衝動を与えることで、自分になるべく有利な戦略を立てなさいと促すのだ。

さて、「好きな男性がいたんだけど、告白したら振られてしまった。せめて友達になりたいけど、どうしたらいいか?」という最初の問いに戻るが、まず告白した時点で、相手の男性は、あなたを友達として見なくなる。無意識に利害関係であなたを見るようになるのである。あなたが彼にとって興味のない存在なら、ほかの女性を得るのに邪魔だと感じるだろう。自分の身や貴重な時間をおびやかす存在、あるいは、何かほかの不利益を与える危険な存在となるかもしれない。それを男性は無意識に感じ、うっとうしいと思ったり、困惑したりするのである。

一方、あなた自身も、いったん性の対象としての関係で相手を見てしまったら、なかなか性差の関わらない人間同士の関係では見られなくなるだろう。恋愛感情がすぐになくなるものではないということを、多くの男性は知っている。

結局、男女は性の対象としての関係をどちらかが感じていたら、友達にはなれない。したがって、男女が友達になるには、お互いに性の対象としての関係から完全に離れる必要がある。しかし、それはとても難しい。自分にも相手にも人間的な成熟度が必要だ。時に相手は、友達としての優しさを恋愛感情でとらえたりするし、時に相手は、友達になるために距離をとった行動を恨んだりするかもしれない。それでも、お互いが性の対象としての関係を捨て、性差の関わらない人間同士の関係をキープする距離を保っていけば、長い時間のうちに友情が芽生えると僕は考えている。過去の恋人が本当の友達になることもある。

男女間の友情が成立するのは、お互いに恋愛関係になることを、ほとんどあるいはまったく期待していない場合に限られると思う。だが、そうしてできた男女間の友情は、時に同性同士の友情よりも、良いものになりうると僕は思っている。それは愛情と友情がまざったような不思議な関係なのだと思う。

第４章

男が本当に考えていることを知る方法

1 言葉には2つの意味がある

不倫相手が言う、「嫁とうまくいってないんだよ……。性的な魅力は一切感じないし、家には、ただ寝に帰るだけなんだ。お前といると本当に安らぐよ……、もし嫁と別れたら、ずっと一緒にいられるかな……」。しかし、彼が奥さんと別れるときは永遠に来ない。

また、友達以上恋人未満の男が言う、「僕は昔、恋人に深く傷つけられて、それから人と付き合うのが怖いんだよ。だから君とは付き合えない」。そんな男が半年後には別の女性と正式に付き合っていたりする。

別の男が言う、「本当は会いたいよ。でも仕事が忙しくて会う時間がとれないんだ」。そんな男が出会い系で、ほかの女性と会いまくっていたりする。

男性に振り回される女性の多くは、その男性が発する言葉のひとつひとつを鵜呑みにしすぎている。その男性の相手をあやつる言葉やサービストークを信じ、心の中で反芻し、「恋愛回路」（「第2章　恋愛回路の話」参照）を強めてしまう。そして、これから解説する「男が本当に考えていることを知る方法」を知らないあなたは、恋愛においてずっと男に振り回され続けるだろう。

男が本当に考えていることを知るためには、言葉が2つの意味を持っていることを理解するべきである。2つの意味とは、「その人がしゃべる内容そのもの」そして「その人が相手を動かそうとする意図」である。

言葉は相手を動かすための道具として使われる

「マキに会いたいよ。でも来月締め切りの仕事があって、どうしても終わらせなくちゃならないんだよ。本当にごめん。こんな忙しいときにマキに会ったら、かえってマキに当たってしまうかもしれないしね……」というセリフは、単に「今、おまえに会う気しないんだよ」という意味だったりする。この言葉を言えば、マキに好感を持たれながら、とりあえずマキと会わなくてすむ。

ほかにも「ディズニーランド、土日は混むじゃん。平日いつか休みをとるから、そのときに行こうよ」という言葉は、単に「おまえとディズニーランドへは行く気がしない」という意味だったり、「オレはあまり人を好きにならないんだよね」は、「少なくともオレはあんたを好きにはならない」という意味だったりする。とはいえ、これらの言葉は、本当に言葉通りの意味という場合も十分にあり得る。では、どうやって彼の言葉の真意を知ればよいのだろう？

多くの人は相手を傷つけたがらない

ほとんどの人は他人を傷つけることを恐れている。あなたは他人を傷つけるようなことを簡単に言うだろうか。たとえば、親しいけれど見た目が気持ち悪い男に告白されたら、「見た目がNGだから付き合いたくないです」とは言わずに、「今好きな人がいるんで」などと適当なことを言い、できるだけ傷つけないように断った上で、その男性から離れるだろう。

また、あなたは両親の前と恋人の前、そして友達の前では言うセリフが違うはずだ。どれも正直に答えているつもりかもしれないが、あなたは心のどこかで相手を気遣い、話す内容を無意識に変えているはずだ。逆に考えれば、あなたが相手の言葉を鵜呑みにしている限り、その真意は引き出せないということだ。

男は基本的にサービストークをする生き物である

前述のことに加え、男は自分が好意を持つ女性を喜ばせようとする性質を本能的に持つ。だから、男は女性がほしいと思っている言葉を用意する。あなたが寂しいときは温かい言葉を言い、あなたが何かに怒っているときには、あなたの味方になる。男は素直にそうなれてしまう生き物である。

「マキ、誕生日おめでとう。マキと誕生日を過ごせて最高によかった。マキのこと、ずっとずっと大切にするよ」

「弓子、この前はごめん。あれから弓子のことずっと考えてた。気づくと僕はいつも弓子を傷つけている。最低だよね」

こんな言葉は簡単に言える。だって言葉だけだから。これらの言葉には、相手に自分を好きでいさせ続けるという意図がある場合と、本当にあなたを想って言ってる場合がある。

では、このような男性の言葉の何がウソで、何が本当なのだろう？

2 男の建前と本音の見分け方

一貫した行動を見よ

「人は言葉ではウソをつけるが、行動でウソをつくことは難しい」という僕が気がついた事実がある。ほとんどの人は言葉では簡単にウソをつくが、行動に関しては無防備だ。

したがって、まず、彼の言葉ではなく、彼の行動を観察することである。

たとえば、あなたがデートに誘っても断ったり、あなたの出したメールに対して特に返事がない場合、それが相手の本当の言葉だと思ったほうがいい。誕生日に「おめでとう」

「愛してる」と言ったくせに誕生日プレゼントは適当に選んだ安物だったり、旅行に行くと言いながら、いっさい企画をしたことがなかったり、なんだかんだ言って奥さんと別れなければ、それが彼の本当の心だ。

1回の行動を見て決めるのではなく、その人の一貫した行動の共通部分から判断しよう。彼はあなたに関心があるのだろうか？　彼はあなたのために何か行動をしただろうか？　彼はあなたのために時間を割いただろうか？　どんなに巧みな言葉を使おうとも、行動ではウソをつけない。だから、彼の言葉はいったん忘れ、ただ彼の行動に注意しなさい。彼の言葉を鵜呑みにしていると、彼は言葉だけで、あなたをあやつるようになる。その場合、彼をダメにしている原因の一端はあなたにもあると言えるだろう。

一貫した言葉から真実を見よ

次に言葉から相手の本心を知る方法を教える。何度も言うが、言葉には言葉そのものの意味と同時に、相手を動かそうとする意図が入っている。ではその意図を言葉からどうやって抽出するか？　それは、その人の言葉を素直に受け取った場合、自分はどう行動するだろうかをシミュレートすることから始める。

たとえば、僕が女性を映画に誘ったときに「その映画見ちゃった、ごめんね」と女性から返事が返ってきたら、僕は彼女の言葉によって、一緒に映画を見に行くのをあきらめる。この場合、彼女の言葉の本当の意図は「あなたと一緒に映画を見たくありません」ということかもしれない、と仮説を立てることから始めるのだ。そういった言葉を仮説とともに並べていくと、共通した意図を抽出できる。たとえば、「今日は忙しいから会えない」「土曜日は友達が遊びに来るから、ちょっと会うのは難しい」「眠いのでまた今度」など……、これらを並べると、会いたくないという共通の意図が見えるのである。

今の例はあまりにもわかりやすいが、実際はもう少し複雑だ。相手はあなたを傷つけずに納得させるために、非常にもっともらしい理由を述べるだろうし、いかにあなたを想っているかを巧みに話すだろう。

「今週末までに仕上げないといけない仕事があるんだ。約束破ってごめん、本当に。この借りは絶対に返すからさ」

「愛してるに決まってんじゃん。でもオレ、あんまりクリスマスとか意識しないんだよね。なんか下らないよ、そういう行事もの」

「旅行？　旅行なんか行きたいの？　ずっと家で二人でいたほうが楽しいよ。一緒にいられれば、どこでもいいんだって」

「ごめん、飲み会に急に誘われちゃって、友達に誘われると断れないんだよ〜」

これらの巧みな言葉も、並べてみると本当の意図が見えてくるのである。

3 相手の意図を判断する際の注意点

相手の意図をその行動から判断するには、いくつか注意しなければならないことがある。その例として、あなたへの愛情があるにもかかわらず、行動だけで判断する限り、一見あなたに気がないように見える男性のケースを2つ紹介する。

強い劣等感を持つ男性

強い劣等感を持っている男性は、実はあなたのことがたとえ好きでも、なかなか積極的な行動をとらない場合がある。また、その男性の言葉も一見あなたに興味がないように見える。だから注意が必要だ。彼らは傷つくのを極端に恐れているため、行動に出られないのである。だが、彼らがあなたに興味を持っている場合、そのサインはやはり言動となって現れているはずだ。そのような男性と出会ったとき、まずあなたは、彼に気づかれずに彼の劣等感を知るべきである。そして、あなたがその劣等感を受け入れることを彼に示しなさい。そうすれば、彼は安心してあなたに近づくだろう。

学歴に劣等感を持っている高卒の男性が大学卒の女性を好きになった場合を例にとって考えてみよう。彼は好きな女性に素直に接することができない。なぜなら、大学を出ている彼女に対し、自分が高卒であることに劣等感を持っているからだ。彼は彼女に自分が高卒であることを明かしていない。明かしたらおしまいかもしれないと感じている。だから、彼女が積極的な行動をとると離れ、彼女が離れていると積極的な行動をとることで、ある一定の距離を保とうとするのである。彼女には、それがまるで駆け引きのように見える。しかし、彼は単に自分が傷つくのを恐れているだけなのである。

彼は無意識にこう考えている。「もし彼女が学歴を気にする人だったら、僕は拒絶される。僕が彼女を本当に好きになる前に去ろう。彼女が僕のすべてを知る前に去ろう。そうすれば僕は傷つかずにすむ。けれども、もし彼女が学歴を気にしない人だったら、すごく嬉しい。学歴さえ気にしなければ僕は彼女に何でもできる」と。この場合、彼女が「学歴なんてどうだっていいじゃん。あなたの魅力を私はわかっていて、それに惹かれてるの」という態度を見せたとき、彼は彼女に近づくだろう。注意しなければならないのは、もし彼女が「そういう常識がわからない人いるよね。大学とか出てないんだろうね」というような、彼の劣等感を傷つけるような発言をしたなら、ただちに彼は彼女のもとを去るということだ。いわゆる地雷を踏むというやつである。

このように、あるときはあなたから離れ、またあるときは優しく積極的な言動をとる男性には、劣等感がある可能性がある。そのときは、彼がどこに劣等感を持っているかを見つけよう。なお、劣等感の見つけ方、そういった男性にどう対処するかは、「第1章　落ちない男を落とす方法」を参照してほしい。

眠っている心

彼があなたを好きだと思う気持ちが眠っている場合もある。この場合も、彼があなたに冷たい行動をとるからといって、あなたのことを好きじゃないとは言い切れない。かつて二人にラブラブの時期があったり、彼があなたに積極的だった時期が一度でもあれば、今は彼の心が眠っているだけなのかもしれない。女性が尽くしすぎたり、ダメ出しをしたりしているうちに、男性はその女性を愛する気持ちを眠らせてしまうことがある。そのときは、彼の眠っている心を起こすことが必要だ。それは、「第9章　冷めてしまった彼の心を取り戻す方法」を読み、実行することによって可能になるかもしれない。ただ、あまり長く眠りすぎると、彼の心はそのまま死んでしまう。死んでしまった心には何をしてもムダなので注意が必要だ。

コラム２　言葉で相手を傷つける男性について

女性からの恋愛相談を受けていると、恋人の言葉に傷つけられる女性があまりに多いので、その話をする。

相手を支配しコントロールしたいという欲を持った男性は、強く相手を傷つけるメッセージを送る場合がある。これらを鵜呑みにして、傷つく女性が本当に多いが、実は言葉そのものに意味などほとんどない。彼自身も気がついていないことなのだが、彼はあなたを思い通りにコントロールしたいにすぎない。そしてあなたもまた、自覚してはいないが、相手に愛されたいだけにすぎないのだ。

親子関係でこのようなことが起きやすいので例として示す。娘に「毎日お前は遅く帰ってくるけど、お前のことをお父さんは心配しているんだよ。なのにお前は親の気も知らないで……親不孝者」とか、「○○は、まだ結婚しないのか。このままだと一生独身の寂しい人生を送るだろうね」など、数え上げたらきりがない。これらの言葉を鵜呑みにすると、傷つき翻弄され、両親にコントロールされてしまう。そのようなとき、女性の心は不安定になる。あるときは、両親を嫌って自分を愛し、あるときは両親を愛して自分を責める。そして徐々に両親にコントロールされていく、それと同時に強いストレスを感じ続けるだろう。

本人はそれに気づいていないが、実は両親は自分自身のためにあなたを思い通りにコントロールしたいに過ぎない。そしてあなたは両親に愛されたいだけに過ぎないのだ。この両者の思いが合致した場合が、今回述べる不幸のはじまりである。

たとえば、恋人があなたを次のように注意したとする。

「友達が来てるのに、よくそういう冷たい態度がとれるね。おまえ、オレに恥をかかせたいわけ?」

「セクハラにあうなんて、おまえにスキがあるんだろ? おまえがいつもはっきりした態度をとらないから悪いんだよ!」

「おまえ何かあるとすぐ黙るよね。無視って人を一番傷つけるってわかってる?」

「もっと化粧とかして、女らしくなれよ。お前どんどんブスになってくな」など。

彼のセリフは一見もっともらしい。しかし、これらの言葉を鵜呑みにすると、あなたは傷つき翻弄され、相手にコントロールされてしまうだろう。

往々にして、相手を傷つけコントロールする言葉は、相手を愛しているがゆえに発せられる。多くの人はこれを愛と勘違いしているが、これは決して愛ではないと僕は思っている。この場合の愛は、相手を自分の思い通りにコントロールしたいという欲であり、その人の持つエゴである。このような相手のエゴをあなたが愛として受け入れた場合、それはお互いにとって不幸を生む。

彼らのセリフはもっともらしい。本当に相手を想って同じ内容を言う場合もある。しかし、その特徴は常に彼の言葉にあなたが傷つくということだ。理詰めで女性を追い込む男性もいる。なかには、相手を想って暴力を振るう男性もいる。あなたは彼を愛し、彼が自分のことをいつも想ってくれていると信じているから、強いストレスを感じながらも彼の言葉を受け入れてしまい、単に自分が悪いと思ってしまう。

女性は好きな男性に愛されたいという欲が強いため、このワナにかかりやすい。そこに支配する側と支配される側の関係が生まれる。タチが悪いことに、そのメッセージの送り主は自分が正しいと完全に信じていて、あなたのことを真剣に想っていると確信している人がほとんどだ。だから言葉を巧みに使い、あなたを傷つけコントロールしようとする。その男性は本当は、恋人を自分の思い通りにしたいだけなのに、それを愛と勘違いしている。実際には、その男性は自分自身のことしか考えていない。もしあなたが彼に強く傷つけられる関係が続いているのなら、今すぐやめるべきだ。そのような関係は、ずっと続き、あなたを苦しめるだろう。

もし今あなたが傷つき、不安定になり、疲れ果てているのなら、心の扉をその人の前では閉じなさい。彼の言う言葉であなたが動いてはいけない。彼の助言を自分の成長のヒントにしたいと思うかもしれないが、彼の言葉は彼の欲から発したものにすぎないということを知るべきである。あなたは人生を楽しむために生まれてきているのだ。そんな人たちの言葉に翻弄される必要はない。愛されたいという欲があなたを突き動かしていることに気づきなさい。

また、このようにして相手をあやつる方法で表面的にでも成功してしまった人々は、一生相手と深い関係を築くことはできない。恋人と心を通い合わせることなど無理だと考えるべきだ。それでも、もしあなたがそのような恋人との関係を維持しつつ、この状況から脱したいと思うなら、やはり「冷めてしまった彼の心を取り戻す方法」（第9章参照）がよく効く。今までの関係が崩れると、とたんに彼らは今まで使っていた相手をコントロールする戦略を失う。そして、そのとき初めて、彼はあなたを本当に理解したいと思い始めるだろう。

第5章　不倫で苦しむ人へ

はじめに、この章は不倫で苦しんでいる人のために書かれており、不倫を楽しんでいる人のためには書かれていない。また、ここでは基本的なパターンについて述べるが、不倫には特殊なタイプもいくつかある。それは完全に割り切っているもの、たとえばお互いにセカンドラバーであったり、恋愛以外の利害関係があり、均衡の保たれているものなどだ。それらに関してはここでは取り上げない。

さて、ここでは男性に妻や子どもがいて、女性が独身の場合について述べる。不倫をしている女性は案外多い。そしてその多くが苦しんでいる。不倫は真剣になればなるほど苦しくなるし、その苦しみは通常の恋愛など問題にならないくらい強い。なぜなら、相手の二股を完全に認めた恋愛だからだ。相手がいくら「おまえを愛している」と言ったところで、恋人には奥さんや子どもがいる。そして友人は誰もあなたの味方ではない。話せば非難されるか、バカと思われるだろう。週末や誕生日、バレンタインデー、クリスマスには彼は奥さんのものになる。不倫には未来がない。彼はあなたと一緒にいるときだけあなたのものであり、二人の関係は、その時間を楽しむだけのものでしかない。

1 苦しむ不倫の流れ

僕が考える典型的な不倫の流れを書いてみる。

(1) 最初は楽しい。

(2) しばらくして女性は、その男性を独り占めしたくなり、自分が本当に愛されているのかを、いろいろな言動で確認しはじめる。この行為をしなければ不倫は、(3)以降のような流れをたどらない。もちろん、その女性が本当に愛されていることが証明されることはない。なぜなら、その男性には妻や子どもがいて、必ずそこに帰っていくからだ。

(3) 女性の独占欲や愛情を確認する言動に、男性はうっとうしさを感じるようになる。なぜなら、家庭や社会的地位を失ってまで、その女性を愛そうとは思わないからだ。うっとうしさを感じるようになると、男性の心は女性から離れていく。

(4) 男性が離れていくのを見ると、女性は相手の立場を考えてあげられなかった自分を責め、愛されようと努力する。これが最初の苦しみである。

(5) 女性に愛されるようになると、男性の愛情はより浅くなる。愛情をかけなくても、女性に愛されるからである。男性は努力する必要を感じなくなり、仕事や家庭にエネルギーをつぎ込むようになる。すると女性は愛情のなくなった男性に愛されるために、より努力するようになる（ここで、もう一度(2)に戻り、(2)〜(5)までの順を繰り返す場合もある)。

(6) 努力し尽くした女性は疲れ果て、別れを考えるようになる。そして離れようとする。

(7) 男性によっては、女性が離れようとすると今度は引き戻そうとする。愛されないと不安になるし、都合のいい存在がいなくなるのは惜しいと考える男性も大勢いるのである。

(8) 別れる決心のついた女性は、そこで別れるが、一部の女性は、いつまでも離れられず、時に自己嫌悪し、時に相手を憎みながら、(2)〜(7)の間を行ったり来たりする。その間に、お互いに対する依存度は深まり、離れられなくなる場合も多い。多くの場合、不倫は、(2)〜(7)でできた輪を行ったり来たりする無限の苦しみと言えるだろう。その輪の中にいる限り苦しみから逃れられない。

2 不倫をしている男性が考えていること

不倫している男性は「自分はできる限り相手に優しくしてやっている」と考えている

彼の優しさは罪悪感の裏返しである。不倫を楽しみたい男性は、相手の女性が理不尽な愛を受け入れていることに感謝し、同時にその立場を貫いてほしいと願っている。そして、その罪悪感をできるだけ感じたくないと思っている。だから既婚男性は独身男性に比べ恋人にとても優しく寛大だ。不倫している女性の多くは、これを魅力のひとつと感じている。しかし、この優しさは自分の罪悪感をごまかすために無理に作られた優しさであるため、不安定なものだ。女性が彼の求める関係や距離感を受け入れない場合、男性は怒りを感じる。「これほどオレが優しくしてやっているのに、何がほしいのだ!」と感じるのである。もっとも彼らは、その女性が実際に何がほしいのかを知っているのだが、それは見たくないので見ないようにしている。

「相手が自分を好きなのだから自分に罪はない」と考えている

不倫をしている男性は、自分の罪悪感をやわらげるため、二人の行方は、すべて相手が決めているというスタンスをとる場合が多い。だから男性は時々、女性が自分と別れたがっていないということを確認するために、「オレと一緒にいるとお前は不幸になる」「別れるかどうかは、お前が決めてくれ」などと言う。

これを聞いた女性の多くは、自分が飽きられた、あるいは捨てられると受けとめ、この男性の言葉を否定し、より男性に愛されようと努力する。男性は女性の「別れたくない。あなたを愛してるの」「なんでそんなに悲しいことを言うの？　私は幸せだよ」「ごめん、私何か悪いこと言った？」などの言葉を聞き、自分の罪悪感を軽減する。不倫は相手が自分を好きだからしていることで、自分には罪がないと考えたいのだ。

大義名分を作って自分の罪悪感を麻痺させる

前述の2つのことに加え、男性はどんどん自分に都合のよい理屈をつけ、罪悪感を感じないようになっていく。最終的に彼の心は次のような大義名分を作るだろう。

・女がオレを愛して別れたがっていないから、オレはこの女と付き合っている。相手が別れたいなら別れればよい。

↓だからオレに責任はない。

・オレはこの女に最大限優しくし、喜びや楽しさを与えている。

↓やれることはすべてやっている。だから責められるいわれはない。
・女はオレがいなければ多分ダメなのだろう。
↓だからオレは女を助けているのだ。

このように罪悪感を否定するための非常にもっともらしい理屈ができあがることにより、彼の心は安定し、安心してあなたとの時間を楽しめる。しかし、彼が罪悪感やストレスを少しでも感じると、必ず右の大義名分に戻り、怒り出すだろう。自己防衛本能が、自分の罪悪感に目をつぶらせ、大義名分を作るのだ。そしてそれに反する相手を強く責める。自分が正しいということを無理に信じようとしている心理から、そのような行動になるのである。しかし、自己防衛に必死になっている男性が女性を愛せるはずがないのも事実である。

自分の生活、家庭、社会的地位を少しでも脅かすようなことがあったら、すぐに相手を切る

不倫している男性が奥さんと別れることは少ない。法律や社会的立場などによって簡単に離婚できないからだ。人がいったん結婚したら、簡単には別れられない。結婚とはそういうシステムである。子どもがいればなおさらだろう。浮気が原因の場合、その縛りは

もっとも強いといってよい。一時は男性も離婚を考えるかもしれないし、たとえ考えていなくても「いつか妻と別れるかもしれない」「もし二人でずっと一緒にいられたら、楽しいだろうねぇ」などと言うかもしれない。でもそれは、たとえ彼があなたに「本気だ」と言ったとしても本気ではない。一瞬の考えか、あなたを楽しませるためのサービストークだ。決して実行には移されることはない。ここであなたが彼の気まぐれや思いつきにしがみつけば、苦しみが増すだろう。

いずれにしても離婚は、実現するにはあまりにハードルが高い。したがって、あなたが彼に「家庭を壊す」とか「離婚してくれないと別れる」と脅すようなことがあれば、相手は最終的にあなたを切るだろう。

そのような心理状態にいるので、不倫男性の言葉は相手を動かすためのウソが多い。大義名分で自分をだまし、あなたを飼い慣らすためにあなたをだます。だから多くの不倫男性には、ぼんやりとした罪悪感が常にある。彼の言葉を鵜呑みにしたら、あなたの心は相手に完全に操作されるだろう。操作される女性は例外なく苦しむ。彼の表面的な言葉に耳を傾けるのはやめたほうがよい。彼の本音に耳を傾けるべきである。「第4章　男が本当に考えていることを知る方法」を熟読することを勧める。そうすれば、彼の本音が見えるだろう。

3　不倫の対処法

一時の不倫を楽しみたい場合

先に述べた彼の大義名分を理解してあげることである。これをあなたが完全に認めている限り、不倫は通常の恋愛と変わらない。あなたは決して彼の家庭に触れてはいけないし、彼の本当の生活を脅かしてもいけない。そうしている限りにおいて、何か悩みがあってもそれは不倫の悩みではなく、通常の恋愛の悩みととらえてよいだろう。今を楽しむのが不倫の極意と言える。未来はない。未来がないこのタイプの恋愛は、結婚というゴールがないため、多くの場合はいずれ終わる。あるいは可能性は低いが、ずっとずっと不倫相手として社会的に認められぬ関係を続けることになる。不倫の未来に関してはいくらでも予想できるし、実際いくつもの例を見ているが、ここでは書かないことにする。ほかの人がそれに関してはいくらでも助言をくれるはずだ。

しかし、ひとつだけ考えてみてほしい。人は歳をとる生き物で、肉体的な魅力は永遠ではない。その不倫関係が終わったら、あなたは何歳になっているだろう？

相手の心を振り向かせたい場合

「第9章　冷めてしまった彼の心を取り戻す方法」を参考に行動してほしい。相手の心は戻るはずだ。ただ、彼が奥さんと別れることはないだろう。彼の心が戻ったとき、あなたの心が冷めていたら、これは別れるチャンスである。彼と別れ、未来のある通常の恋愛を選ぶほうが苦しみは少ないし、賢い選択だと僕は考える。しかし、彼の心が戻ったとき、まだあなたが彼を好きだとしたら、未来のない不倫関係がさらに続くことになる。

相手を奥さんと別れさせたい場合

「第9章　冷めてしまった彼の心を取り戻す方法」を参考にし、相手があなたのことを本当に好きになったら、「私を選ぶか奥さんを選ぶかどちらかにしてほしい」と迫る。そうすれば、相手は、どちらかを選ぶはずだ。そのためには相手があなたのことを、本当に好きで好きでたまらない状態にしないと意味がない。「冷めてしまった彼の心を取り戻す方法」をきちんと実践し、彼をストーカー状態にすれば、彼はあなたのことしか考えられなくなるだろう。そのときに「奥さんと別れないなら、私たちは終わりだ」と彼に選択を迫るのだ。しかし、それでも成功率は低いだろう。僕のこの方法は「人生におけるほとんどの選択は、一時の強い感情が決めている」という人の性質に基づいて作られているが、離婚という選択はものすごくパワーがいるからだ。一時の感情で別れることができないように作られた、とても完成度の高いシステムが結婚なのである。

　もうひとつ心に留めておいてほしいのは、「冷めてしまった彼の心を取り戻す方法」を用いたこの選択は、成功してもリスクが大きいということだ。彼が奥さんと離婚し、あなたと結婚したとき、あなたと彼は多額の慰謝料や養育費を離婚した奥さんに払わなければならないであろうし、社会的制裁も受けるかもしれない。この方法を使ったら、後にはひけない。いったん話が進むと元に戻せなくなるのも、結婚というシステムの特徴だ。

　また、彼があなたを好きになり、奥さんと離婚し、あなたと結婚するまでに半年から数年を要するはずだ。そのとき、あなたは果たして彼を好きでいられるだろうか？　あなたの感情もまた一時的であると僕は言いたい。

　たとえば、「冷めてしまった彼の心を取り戻す方法」を実行しているとき、あなたは彼の本性を見るだろう。彼の汚い部分や、彼が言葉であなたをあやつっていたことを知ってしまうだろうし、この方法で簡単に心の状態が変わってしまう彼に、あなたの心は冷めるかもしれない。とにかく離婚するまでの間にいろいろなことが起きるだろう。だからこの手段はお勧めはできない。

苦しみから逃れたい場合

すぐに別れることだ。これが一番痛みの少ない方法だ。早く別れれば、彼のことを恨まずにいられるだろう。とは言っても、不倫をしている女性の多くは、それができないだろう。それは、薬物依存の患者か、新興宗教にはまった信者のようなものである。どこかで気づいていても、彼だけは違うと盲目的に信じようとし、男の口先だけの言葉に踊らされ、苦しみを感じ、恨みながらも彼と離れられないのだ。

今までの例を見ていると、不倫している女性が別れるのは本当に疲れ果てて、突然吹っ切れるパターン、ほかに好きな人ができたパターン、相手に強引に切られるパターンの3つだ。早くから自分で関係を切ることのできる女性は、最初から不倫で苦しんでいない。

もし本気で別れたいなら、携帯のアドレスや番号を変え、着信拒否にし、物理的に完全に離れてしまうことだ、アルコール依存症の患者がアルコールをやめるときのように。ただこの場合、あなたは結果的に、「第9章　冷めてしまった彼の心を取り戻す方法」で書いた行動をとっていることになり、本気であなたを好きになった彼は、必死であなたの心を取り戻そうとするだろう。だが、もし二人の関係が戻っても、また元の泥沼が待っているだけである。別れたいなら、あなたは最低1年以上は彼との連絡を完全に断つことだ。30歳を過ぎ、不倫相手に捨てられ、相手を恨みながらシングルで一生を終える人生を僕は勧めない。

第6章

駆け引きのしかた(1)

―相手と自分を知ること―

1　駆け引きはオーダーメードのシナリオづくりである

恋愛における上手な駆け引きの方法を教えてほしいという女性が多いので、この章では僕が考える駆け引きのしかたについて解説する。

まずはじめに注意しなければならないことがある。それは、もしあなたが誰かと駆け引きをしようとしているなら、その相手はあなたの友達でもなければ敵でもない、心を完全に許す人でもないということである。そのとき、彼はあなたにとって「交渉相手」となる。つまりあなたは、相手が自分という商品を欲しくなるようにし向けなければならないのである。

そのためには、ターゲットとなる男性のニーズや心の動きを把握しながら戦略を立てていかなければならない。したがって、駆け引きは表面的なテクニックではないし、簡単にマニュアル化できるものでもないはずだ。恋愛指南書の多くは男性一人ひとりが持つ固有の考え方を、フォローできてはいない。ほとんどの場合、現在の日本や西洋社会の一般的な男性の共通項を扱っているにすぎないため、おおざっぱな分類に基づくマニュアルに留まってしまっているのだ。

それに対し、僕は人の心を読み解きながら、それに合わせて次のような流れでオーダーメイドの戦略を立てるという駆け引きの方法を提案している。

・まず相手を正確に知り、自分を正確に知る。

・その知識をもとに相手が自分のことを好きになるプロセスをシナリオとして描く。

・そのシナリオでは、言葉だけでなく、行動や時間などを上手に使い、相手の心の動きなどをシミュレーションしながら自分の役を演じていくようにする。

・さらには、役を演じながら、シナリオを書き換えたり、役の立ち位置を変えたりして、相手をどんどんシナリオ通りに動かしていく。

これらをふまえ、流れを追いながら僕の考えを話していく。

2 相手を知ること

駆け引きで重要なのは相手を知ることである。

まず、相手があなたを恋愛対象として見ているのかいないのかを、知る必要があるだろう。そして、相手が女性全般をどのようにとらえているのかも知る必要があるだろう。さらに、相手が結婚の対象を探しているのか、とりあえず付き合う恋人を探しているのか、遊びや欲望のはけ口の対象を探しているのかを知る必要もある。

このように相手があなたを、そして女性をどうとらえているかを知ることは重要である。それらを知るために、次に述べる情報を得る。

相手にとって女性はどのような存在か

・物として見ているのか、人として見ているのか？
・手に入りにくいと考えているのか、手に入りやすいと考えているのか？　など

相手の過去の恋愛遍歴

・これまで彼は何人の女性と付き合ったのか？
・彼の経験してきた恋愛は、どのようなものだったのか？
・どうして彼は過去の恋人と別れたのか？
・これまでの恋愛でどのような痛みを味わったのか？
・それらの経験からの彼の恋愛観　など

相手の現在の状態

・彼に恋人または結婚相手はいるのか？

・恋人がいるなら、うまくいっているのかいないのか？
・恋人がいないなら、失恋したばかりなのか、何年もいないのか？
・職場や私生活で、どれくらい女性と接する機会があるのか？
・結婚のプレッシャーを両親などから受けているのか？
・どれだけ女性にモテるのか？
・仕事で追い込まれ疲れているのか？
・健康に不安を抱えているのか？
・鬱状態なのか？　など

相手の性質・行動パターン

・彼の行動はあなたにだけ特別なのか、それとも誰にでも優しいのか？
・すぐに女性を誘惑するのか？
・自分に自信がなく消極的なのか？
・仕事に強い情熱があるのか？　など

このほか、彼の家族構成など、いろいろなものが相手を知るための情報となるだろう。情報はあればあるほどよい。それらの情報で彼のあなたに対するテンションも含め、彼を総合的にイメージしていく。

3 相手の知り方

前述の情報を得るための手段は、大きくわけて2つある。ひとつは、相手の外見から、もうひとつは、会話から相手を知る、という方法である。会話については言うまでもないが、実は彼の外見も彼の内面を雄弁に物語っていると言えるだろう。

見た目から相手を予測する

外見は2つの側面を持っている。ひとつは「生まれながらに持っている外見」、もうひとつは「その人があなたや他人に見せようとしている外見」だ。それらをふまえて彼の外見を見ていこう。

①生まれながらに持っている外見

生まれながらの外見は、彼の意志でそのようになったのではなく、与えられたものである。そして、その外見は固有の因果を生む。たとえば、彼の見た目がかっこよければ、放っておいても多くの女性からのアプローチを受けるだろう。そのような男性は、自分から積極的に告白するという行動をとらないかもしれない。あるいは、特定の女性と付き合う必要はないと考えているかもしれない。

また、男性の身体的特徴は、その男性の劣等感を作り出している可能性がある。たとえば、背が低ければそれに劣等感を持ち、出っ歯ならそれに劣等感を持っている。ハゲている人が、帽子でハゲを隠したり、出っ歯の男性が笑うときに歯を隠すように、その身体的特徴をかばう行動をとっているなら、その男性の劣等感は強いと考えてよい。自分の身体的特徴を笑いにしている男性もそれに対する劣等感は強いだろう。特に初対面のときなど、あなたに慣れていないときに、その行動は強く現れるはずだ。

②その人があなたや他人に見せようとしている外見

彼の身につけているものや身の回りにあるものは、彼が自分の意志で選んでいる。したがって、彼の服装を見ると、彼の考え方をある程度予想できるだろうし、あなたに対するテンションや、女性に対しての慣れも予想できるだろう。

どれだけブランドにこだわっているか、彼の乗っている車の車種や内装など、彼の身につけているものすべてが彼がどんな人物かを教えてくれる。あなたは、決して彼の価値観を否定せず、ただ彼を観察することだ。もし彼が身につけているもので不思議なものや違和感があるものがあれば、何か意味があるのかもしれないので、質問してもよいかもしれない。あるいは質問せず、ただ記憶にとどめておいてもよいだろう。

さらには、相手がいっぱいオシャレなカフェを知っていたり。おいしいデザートがあるお店を知っていたり、彼の年齢では知りうるはずのない音楽に詳しかったりと、見かけに似合わない文化を持っていたら、そこに女性の影を意識してもよいだろう。それは過去の恋人や数多くいる女友達の影響かもしれないので、それも記憶にとどめておこう。

とにかく、ありとあらゆるものが手がかりとなることを覚えておいてほしい。そうした情報は、初めは意味を持たない単なる情報の集まりだが、すべての情報は相手の人格を作り出しているパーツなので、そのうち、それらの意味やつながりがわかってくるはずだ。そうすれば徐々に相手をひとつのイメージとしてとらえられるようになるだろう。ほとんどすべての場合、そのイメージは複雑なものではなく、とても単純でわかりやすいもののはずだ。

会話から相手を知る

出会いや、駆け引きの最初の過程において、会話は相手を知る最も良い方法だろう。そのときあなたは、優秀なインタビュアーになりきらなければならない。そのインタビュアーが相手から最も聞き出さなくてはならないことは、相手の価値観や世界観である。これを知っていれば、あなたは相手の心を動かす道具を手に入れることになるからだ。

まずインタビュアーが気をつけなければならないことは、場の雰囲気だ。相手は会話をしているとき、無意識に自分の感情を何らかの形で表現している。相手が少しでもあなたに興味があれば、あなたによく視線を合わせるだろう。身を乗り出したり、体の距離を近づけたりするかもしれないし、あなたの体のいろいろな部分を無意識に視線が追うかもしれない。時には、あなたがコップを持ったとき、彼も無意識にコップを持ったりするように、あなたのジェスチャーと彼のジェスチャーがシンクロするときもあるだろう。

一方、もし彼があなたに興味がない場合には、あなたを見ずに外の景色を見たり、どこも見ていなかったりするだろうし、二人の会話もとぎれとぎれになるだろう。これらの雰囲気をあなたは読み取るべきだ。相手がそのインタビューを楽しんでいないと意味がないのである。その場の雰囲気をよく保つことが会話では非常に重要となる。そのためには、インタビューをしながら、彼を楽しませるために、会話の中に楽しい話を織り交ぜたり、共通の話題で盛り上がってもよいだろう。徐々に打ち解け、彼が自分の価値観や世界観を話し始めたとき、場の雰囲気はよくなっているはずだ。

では、価値観や世界観の知り方について説明する。まず、あなたは、これまでのメールのやりとりや、彼のブログなどの内容や自己紹介、彼の職場での評判など、ありとあらゆるところで調べた彼のデータをもとにインタビューを開始し、会話の中で彼が食いつくところ、少し話題をそらして話し出したところなどを必ず捕まえなくてはならない。そして、彼が気持ちよく話し始めたら、流れを止めずに、彼の目を真剣に見て、心から驚いたり感心したりしよう。彼と同調し、彼に安心させ、彼の心を開きながら、インタビューを続けていくのである。そうしていくなかで、たとえば彼が「映画好きなんだよね」と言ったら、彼の世界観のひとつを知るチャンスになる。感銘を受ける映画は、彼の世界観と本質的につながっている場合が多いからだ。そこで、「どんな映画が好きなの?」といった話題から始まり、最終的には彼の哲学にまでたどり着いたら成功だ。同じことが、音楽にも本にも漫画にも言えるだろう。表面的な会話から、内面を探っていくのである。

また時として、彼は、「人って、結局ひとりぼっちだよね」「僕って心が死んでいるのかな」というように、曖昧なことを言うかもしれない。実は多くの場合、曖昧な言葉は、そのとき彼が直面している問題と深く関わっている。人は大きな問題に遭遇しているとき、それで頭がいっぱいになる。だから、ふとしたことで口に出るのだ。そのときは、「何があったの？」と直接聞いてもよいかもしれない。彼が今悩んでいる問題を、あなたが癒すことができれば、彼との距離は近づくだろう。そのときは、安易に癒すのではなく、彼の悩みの本質が見えるまで慎重に聞き手に回ることだ。彼が語りたがらなければ、無理に聞かずに心にとどめておこう。また、その大きな問題と、彼の世界観や価値観が関係していることはよくあることなので、その関わり合いについても考える必要があるだろう。

このように、インタビューを上手に行いながら、彼の世界観や価値観に同調し、心から尊敬しほめれば、あなたは相手の心をつかむことができるだろう（「第1章　落ちない男を落とす方法」参照）。なお、そのとき、あなたは決して彼の世界観や価値観を批評をしてはいけない。

ところで、恋愛観に関して彼が語り始めたときには注意が必要だ。それは、単にあなたを動かすための言葉かもしれないからだ。「僕って付き合うのが苦手なんだよ。女性不信で」と言ったなら、それは彼の恋愛観というよりは、今のままの距離感であなたと付き合いたいという暗黙の意思表示かもしれない。あなたはそこで、自分の恋愛観を語る必要はない。「何かあったの？」と、たずねるのはよいが、肯定も否定もせずに、泳がせておいたまま、彼がなぜそう言ったのかを少しずつ探っていくのがよいだろう。「泳がせる」という行為は駆け引きにおいて重要なのである。

また彼は、「そんなに見つめられるとキスしたくなるじゃん」とか「そんなにかわいかったら、モテるでしょ」と、あなたの恋心を揺さぶるようなセリフを言うかもしれない。しかしこれは、ただ、あなたを抱きたいという気持ちが言葉になっているだけなので、基本的に彼の価値観とは何の関係もない。彼がそのようなテンションのときは、「○○君だってモテるでしょ」とか「キスしたいなんて言われたら、ドキドキする」と、あなたも言葉で彼のテンションを盛り上げるとよいだろう。ただし、相手に体を許してはいけない。危ないと感じたら、「ごめん今日用事があるんだ」と言って帰ってしまおう。つまり、相手の意図を読み、その通りにしてあげるが、体だけは許さないという姿勢だ。なお、相手に関係を迫られて強く拒否した場合は、後にメールなどで「また遊んでください♪」などのフォローをするとよいだろう。

ここで気をつけること

駆け引きにおいて相手を知ることはとても重要だが、情報を手に入れる際には、いくつかの注意が必要である。

1つめは、これらの情報についてターゲットの男性に直接聞く際に、相手に自分の恋心を読まれないように気をつけなければならないということである。ほかの章で何度か述べてきたが、自分の恋心が読まれるのは、駆け引きにとって大きなマイナスになる。意図を読まれることなく、自然に聞けるチャンスがあるのなら聞いてもよいだろう。また、彼の友人などから、間接的に情報を手に入れる場合でも、不自然な形で手に入れてはいけない。

あなたの行動は常に相手に知られると思ったほうがよい。

2つめは、どのような形であれ、彼について得た情報は、彼がどんな人物であるかの仮説を立てるためだけに使うべきであり、決して鵜呑みにしてはいけない、ということである。たとえば、彼のことを嫌いな女性が「あの人、けっこう女をだまして遊んでるよ」と言っても、実はその女性が彼を陥れようとしているだけかもしれない。このように、情報には、必ず発信する人の意図が含まれるため、得た情報を鵜呑みにするのではなく、慎重にストックするべきである。さらに、ターゲットとなる男性があなたに語る言葉も、あなたを動かす意図が含まれているので、鵜呑みにしてはいけない、ということである。これについては、「第4章　男が本当に考えていることを知る方法」を参考にしてほしい。

3つめは、一度に多くの情報を得る必要はない、ということも覚えておこう。あなたは1回1回の出会い、ひとつひとつのメールで、彼がどんな人物かを徐々に深く理解し、リアルにイメージしていけばよい。あなたは自分の両親が、自分のふるまいに対して、どう反応するか大体予想できるだろう。そんな風に彼をイメージできるようにすればよいのである。

4 自分の知り方

駆け引きをする際、相手を知ることも重要であるが、自分を知ることは、もっと重要となる。自分を知ることができれば、今後の恋愛にとって大きな力となるであろうし、そうでなくても、自分とは一生付き合っていかなければならないからだ。しかし自分を知ることは、とにかく難しい。あなたの知り合いの中に、他人への評価は的確なのに、自分のことをまるでわかっていない人が何人もいるだろう。また、あなた自身も、自分以外の人がどれだけかわいいかはわかるけど、自分のかわいさとなるとまるでわからなくなったりはしないだろうか？　時に過大評価したり、時に過小評価したりするだろう。とにかく人間という生き物は、自分がわからないようにできているのである。

相手の心に自分がどう映っているかを知ること

年齢を例にとって考えてみる。あなたはいつまでも同じ魅力を持っているわけではない。アイドルを見ていてもわかるだろう。歳をとったらかわいいだけでは通用しなくなる。それでも芸能界で生き残るには、お笑いタレントのまねごとをしたり、自分の過去を赤裸々に暴露したり、ミュージカルに出演するなど、別の道を模索するしかなくなる。アイドルでさえ、そうなのだから一般の女性も年齢とともに男性から見た性的な魅力を失っていく。22歳、23歳～35歳……。すべての年齢の価値がまったく違う。

実のところ男性には、20代後半以降の女性を怖いと感じたり、うっとうしいと感じる場合がある。彼女たちは自分のそれまでの恋愛経験による傷から、相手を見る目が厳しくなりがちで、無意識のうちに、それが態度に出てしまうのだ。間違った男性に捕まりたくない。私をだまそうとしてもそうはいかない、という思いがそうさせるのだろう。そのような女性が20代後半から圧倒的に増える。彼女たちと話していると、会社の面接試験を受けているような気分になるときがある。「そういう男って女をダメにするよねぇ」「○○さんってそういうところマメだよね」「○○君、着メロ、案外かわいいの使ってんだね」といった、直接的な評価の言葉はもちろん、女性にそんな気がなくても、男性によっては、言葉の端々から自分が評価されていると感じる。それらにうんざりし、距離を置こうとする男性もいるだろう。男性にとって「○○君、着メロ、案外かわいいの使ってんだね」という言葉を20代前半以前の女性が使うのと20代後半以降の女性が使うのとでは、意味が違って聞こえることがあるぐらいだ。

20代後半以降の女性が持つマイナスの印象をまとめるなら、若いときよりも魅力をすごく失っていて、結婚の責任を感じさせ、相手を評価する怖さを持つ場合があるということである。これを知っていれば「見た目の魅力にたよらない」ふるまい、「結婚の責任を感じさせない」ふるまい、「相手を評価する怖さを」を払拭させるふるまいが自然にできるはずだ。この本で、いくつかの場面において結婚の責任を感じさせないようにふるまえと言っているのはそういう意味がある。

一方、20代前半以前の女性は、内面的な成熟度がないため、人としての魅力がないと思われる場合がある。体は好きだけど、付き合っていても退屈という感覚が生じやすい。したがって、付き合う前から相手にされなかったり、付き合ってもすぐ飽きられたりする。そのように男性に飽きられると、彼女たちは必死ですがるため、より男性のテンションが下がってしまう。この年代の女性たちが戦略として持つべきもののひとつは人間的な深みと寛容さとなるだろう。

ただし、例外がある。既婚男性や女性を完全に物として扱っている男性は、それほど年齢を意識せず女性にアプローチする。だから、歳をとると恋愛対象外の男性ばかりに告白されたり、付き合った後、自分が物として扱われていたことに気がつくことが増える場合が多いのである。

このように、年齢ひとつをとっても相手に映る自分を正確にイメージするのは難しい。しかし正確にイメージしないと、シミュレーションがうまくいかなくなる。

相手を歪めて見ないために自分の状態を知ること

まず自分の精神状態に関して考えてみよう。あなたの今の精神状態や、あなたが彼をどう思っているかによって、彼の見え方はまったく変わってしまう。駆け引きがうまくいかない女性は、心に相手の姿を浮かび上がらせることができないか、実際の相手とまったく違うイメージを浮かび上がらせてしまっている場合が多い、と僕は考えている。

もし、あなたが相手のことをすごく好きなあまり、相手の言動を何でも好意的にとらえようとしてしまうなら、相手を正確に知ることができなくなるため、駆け引きに失敗するだろう。不倫が良い例だ。不倫のし始めで、なぜ女性が相手の言葉を鵜呑みにするかといえば、不倫に関する正確な知識がないことと、相手に愛されたいという希望などが目を曇らせるからだ。

たとえば、彼が言う「いま女房とうまくいってないんだよね。女というよりは、家族としてみているよ」という言葉は、「今オレの愛情はおまえにある」と相手に思わせるためだけのサービストークなのだが、女性がそれを鵜呑みにしてしまうのは「彼の愛情は私にある」と思いたいからである。このような両者の意図が合致すると盲目になってしまう。不倫に関する知識があり、冷静に相手を分析し、相手をきちんと自分の中に浮かび上がらせることができれば、前述の彼のセリフは「今オレの愛情はお前にある」と思わせるために言っている、というところまでわかるはずである。

それはネガティブな感情においても一緒である。もし、相手が自分をだましているだろうと疑っていたら、親切な言葉も何か別の意図があるように見えてしまい、ついには相手が何を考えているのかわからなくなってしまうだろう。「恋は盲目」というのは、ある面ではこれらのような状態のことを言っているのだと思う。とにかく自分の精神状態や自分の相手に対する気持ちが自分の目を曇らせていることを知るべきである。

5 知ることの難しさ

これまでさんざん書いてきたように、それが相手であれ自分であれ、人をできるだけ正確に知ることは、とても重要であると僕は考えている。しかし、それが実はとても難しい。極論を言えば完全に正確な自分や相手を知るということは不可能と言ってよい。

相手を知ることの難しさ

あなたが誰かを見ているとき、あなたは無意識に自分との利害関係を通してその人を見ている。「恋人」「彼氏」「上司」「親」「子」「友達」「同僚」……。あなたは常に、対象をある役割として見ている。実はあなたは相手のごく一部しか必要としていないし、興味がないのだ。たとえば、「恋人」「彼」「好きな人」を見るとき、あなたはその人を性の対象として「こうなってほしい」という欲を通してその人を見ているのである。それは、復縁したい、自分を好きになってほしい、生活力があるかどうか、自分を傷つける存在かどうか、男性として魅力的かどうか、と列挙すればきりがないが、あなたはこのように常に相手を自分との利害関係を通して見ているため、相手のある側面しか見ることができない。このある側面というのも状況によって変わってくる。しかし多くの場合、それに気づかない。だから相手を正確にシミュレーションできないのである。

このようにして、人をそのまま理解することの難しさを知っていれば、これまでよりも多角的に相手を見ることができ、正確に相手を理解することができるようになるだろう。その結果として、あなたは相手の心を動かすツールを磨いたことになるはずだ。

そしてもうひとつ知っておくべきことは、相手も基本的にあなたを利害関係の対象としてのみ見ているということだ。また、彼は自分の将来をあなたと過ごすことだけでなく、彼の生活に関わるすべての側面から考えるだろう。だからこそ人は、自分のプライベートな部分に興味を持ってくれる人、自分に共感を持ってくれる人に興味を持つのかもしれない。

自分を知ることは、さらに難しい

相手を通しての自分だけでなく、自分そのものを知ることはとても重要だが、それを知るのは不可能と言ってよいと思う。「相手を知ることの難しさ」で述べたが、あなたに対する他人の評価はその人の利害関係においてのみ成り立っていると言える。したがって、次のことが言えるだろう。

①ほとんどすべての人は、本人の前では本音を言わない

たとえば、あなたがものすごく気にしているコンプレックスのほとんどは、他人にとってどうでもよいことだ。他人はドライにあなたのコンプレックスを見抜き、レッテルを貼り、あとはそれについて考えないだろう。そして、ほとんどの人は、、そのコンプレックスであなたが傷つくことを知っているので、それに触れないだろう。また、あなたのつまらない自慢話を多くの人は文句も言わずに聞いてくれるだろうが、やがて彼らに距離を置かれてしまうだろう。

②相手は、あなたをある役割を通して見ている

ボスはあなたを部下として見る。親はあなたを子どもとして見る。恋人はあなたを恋人として見る。人は誰かを見るとき、自分に関係する部分だけを見て、その範囲でメリットとデメリットを無意識に計算しているのだ。だから、もし彼が「おまえは、すぐに要求するな」「おまえの考えは幼稚で、もうついていけない」と言っても、それはあなたに関する純粋な情報ではなく、彼が恋人としての役割を通した利害関係の中であなたを評価して言っている言葉にすぎない。したがって、それらを鵜呑みにして苦しんだり、自分を変えようとしたりするのは、あまり意味がないだろう。人はあなたのために、あなたを評価しているのではなく、その人がその人自身のために自分の意見を述べているにすぎないことを知るべきだ。

③批評の言葉は、評価している人の価値観を映す鏡である

「自分の価値観を他人に認めさせたい」というのは人間の根本的な欲求と関わっていると僕は考えている。たとえば誰かが「おまえは、服のセンスがないな」「おまえはバカだな」と批判したのなら、その中に「服のセンスが大切である」「知的さこそ重要である」という価値観が含まれている可能性がある。彼は彼の価値観を通して、あなたを評価して

いるのだ。したがって、あなたに対する人の評価というのは、あなたを知るために使うのではなく、むしろ評価している人の価値観を知るのに使うべきだろう。その人の評価を聞いているうちに、その人がどんな人物かが見えてくるはずだ。

第7章

駆け引きのしかた(2)
―シミュレーション―

前の章では、相手を知ること、自分を知ることに関して語ったが、それをどのように駆け引きに使えばよいのだろう。知ったところでどうしたらよいかがわからない、と思っているあなたに僕の考えを述べる。上手な駆け引きとは、相手の人格を自分の中に浮かび上がらせ、頭の中で相手を演じながら、そのなりきった相手とのやりとりをシミュレーションしながら行動をするということである。

1 シミュレーション

シミュレーションは、相手になりきることが重要である

飲み会をしていて、誰かが誰かを傷つける言葉を発したとする。他人になりきるのが得意な人は、そのとき傷つけられた人の心を感じることができる。自分の中に傷つけられた人の痛みをリアルに感じ、痛いと思う。さらに、傷つける言葉で周りの雰囲気が変わったことも感じとることができるだろう。このように、他人の心を自分の中に浮かび上がらせる能力は、ＥＱ（Emotional Intelligence Quotient）に含まれ、人間関係における重要な能力のひとつであると言われている。この能力を磨くことが駆け引きを制する大きなポイ

ントとなるだろう。
たとえば、自分がこれから相手に出すメールの下書きを見直す。そして次に「彼になりきり」、そのメールを受け取ったときの彼の感情をリアルに想像する。不安を感じるのか？　嬉しくなるのか？　どうしたくなるだろう？　そういうものを感じとる。また1週間沈黙を続けたとき、相手がどれだけ不安に感じるかを、リアルに体感できるだろうか？　駆け引きが下手な人はそれができない。なぜなら表面的なテクニックや理屈で駆け引きをしてしまうからである。

駆け引きは、シミュレーションをしながら行うべきである。自分の中に相手が自然に浮かぶようになれば、目の前に相手がいても、言葉を上手に選ぶことができる。そのためにはシミュレーションをするとき、いかに本当の相手に近い人物を心に浮かび上がらせられるかが成功のポイントとなるだろう。

相手になりきるには相手を正確に知ることが重要

前の章で述べたような方法をもとに、相手に関する情報を集め、それをもとに次のような男性像が浮かび上がったとする。

・中肉中背で見た目は普通。

・メールなどがマメで、心のケアをすることで女性が落ちやすいことを無意識にでも知っている。
・学歴に強いコンプレックスを持っている。
・服などのセンスが良いことに自信を持っていて、それに価値観を見いだしている。
・乗っている車にお金をかけている。
・几帳面。
・私に興味を持っているが、ほかの女性たちにも興味を持っている。

この人物像をもとに自分が相手に書いたメールを見直せば、彼になりきったあなたは、彼の感情を感じることができるはずである。簡単な例を出すなら、「この前着てた服、なんかいいよね。どうしたの?」「○○君帽子似合うよね」「あんな車初めて乗ったかも」というような言葉は、彼になりきったあなたの心は嬉しがるはずだ。

また、沈黙をどれくらい続けたら、彼になりきったあなたは不安になるだろうか。ふだんは「ありがとう!」と返すメールを、「ありがとうございます」と丁寧語で返したら、どのような感情が起こるのか? それらを常にシミュレーションするのだ。これまで彼から受け取ったメールの内容や、タイミング、文章の長さなどを彼の性格と照らし合わせ、彼があなたをどう思っているのかを推定する。そしてそのテンションを持った彼、そういう性格の彼を自分の中に思い浮かべる。彼からのメールが来たら、相手の意図を理屈で読み取ろうとせずに、書いた彼になりきろう。彼を知っていれば、彼が一番食いつくであろう返事が書けるはずだ。そして、それに対し、彼はどう反応するかを予想してみたりする。このようにシミュレーションをしながら、メールを書き、その返事をまたシミュレーションする。

シミュレーション通りに彼が動かなかった場合は、あなたの中に正確に彼が宿っていない可能性がある。情報として何かがあなたの中に欠けているのかもしれない。何かがおかしいと思ったら、その原因を見つけ出すべきだ。たとえば、彼の劣等感をあなたが見つけていないのかもしれない。彼には遠距離恋愛の恋人がいるので、消極的なのかもしれない。大変な仕事を任されたり、新しい恋人ができるなど、突然何かが彼に起こったのかもしれない。その何かを見つけ出すと、彼の行動がすんなりと理解できるはずだ。また、彼が劣等感を持っているのなら、それを払拭させれば、彼はあなたとの距離を近づけてくるはずである。

人間の行動は極めて単純であり、彼が抱えている問題や彼の行動を説明するヒントのほとんどは、この本を含む恋愛指南書に書かれているはずだ。もし恋愛指南書に書かれていることと、これまでの彼の行動と照らし合わせてピンと来るものがあれば、多分それが答えである。そのようにして徐々に正確な彼を自分の中に宿らせていくのである。

また、本などで心のメカニズムを知るときも、理屈のみで知るのではなく、よりリアルに想像できるように知るべきだろう。たとえば、猫の心を知ろうとするなら、「猫はお風呂が嫌い」と知るより「猫はお風呂にたまっている水を見ると溺れるような感覚が走るので、お風呂に近づけられると、メチャクチャ怖い！」というように、相手の感情を含めて知ったほうがよいということだ。読みながら自分の過去の経験と照らし合わせ、「あ、こんな感じの感覚を、男性はこのようなときに味わうのだな」と、感情を同時に浮かべて記憶するのだ。シミュレーションのときも感情を浮かび上がらせよう。何度も言うが、人は感情で動いている。だから感情を浮かべることが重要となる。相手を正確に知るということは、自分の中に相手の人格を正確に生み出すことにほかならない。自分に宿った相手の心を使ってシミュレーションすることで駆け引きが上手になるのである。

あなたは、自分が女性だから男性の心を浮かび上がらせるのは難しいと思うかもしれない。確かに最近出版されている多くの恋愛指南書では、男性の心と女性の心は違うと言っているが、実はほとんど同じだと僕は考えている。違っているのは、あるいくつかのポイントに過ぎないはずだ。そのポイントを知ることで、あなたの心の中に男性が宿るだろう。彼の心にあるトラウマや生育歴、恋愛経験は、あなたと違うかもしれないが、心の中にそろっている「痛み」「罪悪感」「恋愛感情」「寂しさ」「幸福感」など、ありとあらゆる感情の種類と感じ方は基本的に同じであると僕は思っている。だからシミュレーションが可能なのだ。

2 役を演じること

相手を知り、自分を知り、シミュレーションができるようになったのなら、次にすべきことは、それらをもとにシナリオを書くことである。そのシナリオの中で自分の決めた役を名女優のように上手に演じて相手を物語に引き込むことが、駆け引きをうまくいかせるコツである。

まずシナリオを書こう。シナリオを書くためには相手のことや、自分に対する相手のテンションを正確に知る必要があるだろう。相手役はすでに決まっているからだ。そして自分の演じる役を決める。付き合っている恋人に自分が尽くしすぎてうまくいっていない場合は、「彼にはほとほと疲れていて、彼に執着しないで去っていこうとしている」役を演じたり、片思いの相手に対しては、「彼に恋愛感情を抱いていないけれど、彼の考え方を尊敬し、最大の理解者となる」役を演じたりするのである。それぞれの場面でその役になりきり、相手の動きをシミュレーションしていき、彼のリアクションを見ながら一人でドラマを組み立てていく。駆け引きの途中でどうするか迷ったときは、自分が決めた役を思い出すのがよいだろう。

「彼にはほとほと疲れていて、彼に執着しないで去っていこうとしている」役のあなたは、彼からの「ねえ、今度の土曜に会おうよ。○○って映画面白そうだよ」というメールも1日くらい無視して、「ごめん、その映画特に興味ないんだよね。誘ってくれてありがとう」と返すことができるだろう。彼からのメールや、行動がどんどん熱くなるのを感じれば、あなたの役は、「彼の熱意により、少しずつ、気持ちを取り戻していく」役に変わっていくかもしれない。そうすれば「ディズニーシーへ行こうよ。ずっと前に行きたいって言ってたよね」というメールに「いいね、行きたいかも。よく覚えててくれたね」と言える。

また、手に入らない男性を手に入れる場合、あなたの役はあなたが相手の恋愛対象内にいるのか対象外にいるのかによって完全に変わる。相手があなたに興味を持たない場合、あなたは恋愛対象として彼に興味があるそぶりを見せてはならない。この場合のあなたは、彼に「恋愛対象としてあなたに興味はありませんが、あなたの考え、価値観、世界観に興味があります」という役を演じる必要がある。

人は自分に興味を持つ人に対して興味を持つ、とデール・カーネギーの『人を動かす』には書かれているが、恋愛が絡むと少し複雑になる。男性は恋愛対象外の女性に恋愛対象として興味を持たれると、相手への興味を失うからである。したがって、あなたが彼にとって恋愛対象外の場合、恋愛対象ではない形で相手に興味を持つという態度をとる必要がある。詳しくは「第1章　落ちない男を落とす方法」を参照してほしい。なお、目的の男性があなたに女性として興味を持っている場合には、「あなたに恋愛対象として興味を持ち始めました。そしてあなたの考え、価値観、世界観をもっと知りたいです」という役を演じる。

役を決めることで、あなたの言動に一貫性が生まれ、相手はそれを読みとる。相手が無意識に行うシミュレーションには、あなたではなく、あなたの演じた女優が浮かぶことになる。その名女優が、次に述べる「時間」「言葉」「行動」の性質を知り、上手に使っていくことが駆け引きであると僕は考えている。

3　さまざまな駆け引き

時間の使い方

①相手よりも一歩遅れた時間で動く

あらゆる恋愛の駆け引きにおいて、時間のとらえ方は重要だ。一瞬一瞬で生きている人間は駆け引きで相手を動かすことはできない。たとえば、次のような衝動的な行動をとる人は、恋愛がうまくいかないだろう。

・メールを出した瞬間、彼からのメールが来ないのが気になってしかたがなくなる。
・数日電話が来ないと、何かあったんだろうかと強い不安に襲われる。
・自分が感情的な行動をしてしまった後、何かフォローをしないと、いてもたってもいられない。
・相手があなたを怒らせる言動をしたとき、それにリアクションせずにはいられない。

一方、時間を長期間でとらえられる人間は駆け引きに強い。1週間放っておこうとか、半年かけてのんびり関係を作っていこうと考えられる人間は、一瞬一瞬の感情に従って生きている人間をコントロールできる。駆け引きには時間が強く関わっている。相手が1日単位で行動するなら1週間、相手が1週間で行動するなら1か月、相手が1か月で行動するなら1年というように、相手が動いている時間よりものんびり行動する。その間に戦略を立て、理性的にそして地道に行動することだ。常に遠くを見て行動をしている人が駆け引きを制すると僕は考えている。

②時間にメリハリをつける

あなたが、相手からのメールに、すぐに返信するような女性だとする。彼からメールが来たらすぐに返す。それを繰り返しているうちに、彼は「この女性はメールが来たらすぐ返事をするのだな」と無意識に記憶する。そうした場合、1日の沈黙、3日の沈黙、1週間の沈黙が大きな意味を持つことになる。自分のもつふだんのリズムを変えることで、相手の心を動かすことができるのだ。

たとえば、相手があなたを怒らせるようなことを言ったとする。そのとき、これまですぐにメールを返していたあなたが3日間沈黙すれば、その行動によって相手を強い不安に導くことになる。その後、相手からフォローのメールが来たとき、「ごめん、ぜんぜん怒ってないよ。忙しくてメールできなかった」などと返せば、相手を安心感で満たすことができる。逆に相手のメールのテンションが明らかに上がっているとき、自分のメールを返信するタイミングを早め、こちらのテンションが上がっていることを伝えることもできる。このように時間を上手に使えば、言葉を使わずに人の心を動かすことができるだろう。

言葉について

①言葉遣いを工夫する

ふだん使っているメールの文体を変えるだけで、相手との距離感を変えることができる。

「最近何してるの？」という文も「最近は、どう過ごしていますか？」と変えると距離感が生まれる。絵文字を入れたり、丁寧語にしたり、文章の長さを変えることで、言葉そのものの裏に自在に距離感を作り出すことができるのだ。これもメリハリで、ふだんはいつも通り自然な言葉遣いをすればよい。そして、相手を動かしたいと思ったときに、突然丁寧語にしたり、絵文字を入れたりすればいいのである。そうすると、相手はそれを敏感に察知して、「彼女らしくない」と感じ、それが何なのかを自然と考えてくれるようになる。

相手はあなたの行動を無意識にシミュレーションしているのだ。あなたの作られた言葉が彼のシミュレーションの材料になるだろう。

②話題を選ぶ

話題を選ぶことでも相手の心を動かすことができる。相手の意図を感じた質問に、あえて答えないというのも駆け引きでは必要である。たとえば、「オレ、最近独り暮らし始めてヒマなんだよね」とか「彼女とは遠距離でうまくいっていないんだ」といった内容が長いメールの間に挟まれている場合、その話題に触れないことで、あなたの意図は読めていますというメッセージを、間接的に相手に伝えることができる。

一方、その話題に食いつくことで、相手に操作されていると信じ込ませることもできる。

そのときは相手が求めている答えを読みとり、自然に返事をしてあげる。「オレ、最近独り暮らし始めてヒマなんだよね」に対して「へえ、どこか遊びに行ったりしないの？」とか「彼女とは遠距離でうまくいっていないんだ」に対して、「遠距離って難しいのかなあ。○○君辛いよね」といった具合に、自然に食いつくことで相手の意図を読みとりながら相手を自分に近づけることができるのだ。

行動を一貫させる

一貫した行動は徐々に相手の心を動かす。そして実は一番力を持っている。我々は無意識のうちに、人は行動ではウソをつかないことを知っているからだ。また、どんな人でも本能的に言葉と行動の矛盾やズレを感じる力がある。その矛盾になんとなくでも気がついたとき、多くの人は相手を信頼できなくなる。言葉と裏腹な行動の一貫性は、言葉の信頼性を失わせていくだろう。また「第9章　冷めてしまった彼の心を取り戻す方法」で僕が勧めている方法が効くのは、行動で意志が示されているからだ。女性の側が「本当に離れていく」行動をとっているので相手が驚くのである。

相手を動かしたいのなら一貫した行動をとることだ。別れた彼に「あなたの幸せを願っている」と口で言うのなら、一貫してそういう行動をともなわせることが重要だ。しかし多くの女性はそれができない。「あなたの幸せを願っている」と言うくせに、別れた彼に好きな人ができても応援できない。何か不安や刺激が生まれたり、余裕がなくなると、自分の欲が出てそれを相手に伝えてしまう。しかし、ここで一貫して「あなたの幸せを願っている」という言葉と行動を一致させれば、最後に彼があなたのもとに戻ってくる可能性が高くなるだろう。なぜなら、このような無償の愛こそが最も人の心を動かすにもかかわらず、それを行動で示せる人はほとんどいないからだ。

①落ちない男性を自分に振り向かせたいと思ったとき

「第1章　落ちない男を落とす方法」で一部触れているが、次の一貫した行動によって、相手を振り向かせる可能性が高くなる。まず、あなたは彼に行動で愛を伝え続ける。彼からの見返りを求めず、心から思いやりつづける。その際に「彼に好かれたい」という意図を彼に気づかれてはいけない。もし、気づかれれば、「私を好きになってほしいの！　私とつきあってほしいの！」という下心を感じさせてしまい、彼の心を冷ましてしまうだろう。とにかく、愛されたいからしているということを悟られず、相手がほしいもの、必要なものを察してフォローする。その結果、彼があなたを信頼するようになり、彼があなたに恋をする可能性が高くなる。

意図に気づかれず、行動で愛情を伝えるのは難しいと思うかもしれない。コツは「私は別に彼を手に入れる必要はない。ただ彼に幸せになってほしい」ということをいつも心にとめて行動することである。彼に好きな人ができたら、心から応援する。彼に悲しいことがあれば慰め支える。彼があなたから離れたいと思っているなら、離れてあげる。利用されているとわかっていても利用されてあげる。ただし、金銭的なものや肉体関係に関しては別だ。金銭や肉体関係は、それ自体が欲の対象となるからだ。お金の貸し借り、相手に体を与えることは恋愛関係で大きなマイナスにしかならない。それ以外のことに関しては、一見あなたには損なことでも、それが彼のためであればしてあげよう。これが下心のない愛を伝える行動となる。

このように、一貫して見返りを求めずに相手を思いやる行動をずっと続けたとき、相手の心は動かされ、あなたを信頼し始める。最初はウソでもいいから、やってみてほしい。多くの人は言葉でウソをついても、行動ではウソをつけない。数か月、半年、数年経てば、あなたは彼にとってとても大切な人となるだろう。そうなれば、もし、あなたの好きな人に別の恋人ができても、実はあなたとの間にそれ以上の信頼関係ができている。時がたち、相手があなたを好きになるチャンスがきたとき、あなたはそれをつかむだろう。

②現在恋人がいる人へ

恋人との関係において、どのような行動をとるかは初心者にはとても難しいかもしれない。たとえば、相手に尽くす行為は「愛されたいからしているのだな」という意図を男性が感じる場合が多くあるため、かえって男性の心を冷ますことになってしまうことがある。もし相手の心がとことん冷えてしまったら、あなたは「冷めてしまった彼の心を取り戻す方法」（第9章参照）を使うべきだろう。この方法を用いることで「私はあなたに興味を失いました。だからあなたから去ります」という態度を一貫して示すことができる。言葉でなく行動で相手を動かすのである。

また、相手にダメ出しをしすぎているあなた、要求しすぎているあなた、彼が一人になりたがっているのに放っておけないあなたが、いくら相手に「愛している」と言葉で伝えても無意味である。相手はあなたの一貫した行動から愛ではなくエゴを感じるだろう。その場合のあなたは、自分が辛くても相手を責めない、相手に要求しすぎない、相手が望めば一人にしてあげるという行動をとり続けるようにしよう。やがて相手はあなたの行動から愛を感じるようになるだろう。とにかく、相手の心を動かすには、意図や下心を感じさせない一貫した行動を続け、信頼関係を築くことが大切である。

ところで、無償の行動は一番人を動かすものである。「報われないじゃん」と他人が思うような行動をすると、相手はその人を好きになり、その人のために何かしたいと思うようになる。それは相手に気に入られたいからするのではなく、無償でしていることに意味がある。ここでは、「そこまでしなくても」と相手が思うくらいしないと意味がない。それくらいすることで他人と差別化されるのである。長い目で見れば、無償の行動には見返りがある。そして、その見返りは驚くほど莫大だと僕は思っている。

4 相手以外への気配り

最後に、駆け引きは相手と自分だけでしているのではないことを知る必要があるだろう。ここで覚えておくポイントは、彼の周りの人間は、彼に影響を与えているということだ。

①彼への想いを共通の知人に知られないこと

あなたの狙っている男性への想いを、彼とあなたの共通の友達に知られてはいけない。これに関しては、ほかの章でも言っているが、共通の友人はろくなことをしないので、相談もしてはいけないし、自分がその男性のことを好きであることも教えてはいけない。恋愛を邪魔するのは多くの場合そういう友達の下手な親切心であるからだ。

②口コミを利用する

あなたに好きな男性がいたら、その周りの友達にも印象を良くすることは有効である。要は口コミを利用するということだ。彼の友達が「あの子、いい子じゃん」「○○さんってかわいいよね」と、あなたに良い印象を持ち、ほめるように行動することが重要だ。

また彼の友達や知り合いの前で彼をほめるのはとても有効である。「○○君ってそういうところがセンスあるって思うんだよね」などと彼の友達の前で言うと、それが彼に伝わることがある。これは効果的である。本人に向かって直接ほめるより、ずっと意味がある。ただし、その友達にもあなたが彼に気があることを知られてはならない。

③同じグループにターゲットを二人作らない

あなたの狙っている男性が複数いた場合、間接的にでも、その二人が知り合う状況を作ってはならない。たとえば、元彼に未練がありながら新しい彼を狙う場合、その二人が知り合いだと、悲劇を生む可能性が高い。その場合はどちらかをあきらめるのが最善の策である。

④相手はあなたの知らない時間も生きている

相手はあなた以外にも人間関係を持ち、仕事を持ち、家族を持ち、自分自身の健康の問題を抱えて生きているということを、意識するべきだろう。相手が不思議な行動をしたら、あなたの知らないところで何かが起きている可能性も考えたほうがよい。

5 最後に

駆け引きをし始めると、初めのうちはぎこちなくなる人もいるかもしれないし、今までよりうまくいかなくなることもあるかもしれない。それはテニスのフォームや運転のしかたなどで、いったん身についた悪いフォームを変えるときに、しばらくの間は、かえってへたになる場合があることと同じと考えてほしい。やがて、正しいフォームが身につくと、それは本当の効力を発揮するはずだ。

これまである程度うまくいっていたなら、今までの自分のやり方と、ここでの駆け引きを混ぜて使ってもよいかもしれない。徐々に、ここでの駆け引きのしかたの重みを増やし、より良いフォームを身につけるというのもひとつの手だろう。

ぎこちない駆け引きをしている間、あなたはこう思うかもしれない。駆け引きは相手を騙しているのだろうか？　僕はそうは思わない。彼をリアルにシミュレーションできれば、いつの間にかあなたの心の中に彼が生まれている。本当に良い関係を築けたとき、あなたの心に生まれた彼をあなたは上手に愛せるだろう。彼の心の痛みを自分の痛みのように感じられるだろうし、彼が間違ったことをしても愛おしく許せることもあるだろう。だから本当に好きな相手に対して駆け引きをするのは、むしろ良いことである僕は思っている。それは本当に相手を知った上で信頼関係を築くプロセスとも言えるからだ。盲目的に相手を信じるのは不自然だし、エゴを押し付けることになるし、お互いを苦しめることにもなる。

良い夫婦は、多分お互いを信じているのではなく、お互いを知っているのだ。

なぜイヤな男ばかりに好かれるのか？

「私って好きな人には好かれないのに、自分が嫌いな男ばかりから告白される、なんで？」こんなセリフを僕はよく耳にする。ここでは、それについて考えてみよう。

まず職場にいる男性でも、電車で同じ車両に乗った男性でもよいから見回してみてほしい。あなたが告白されて付き合いたい人がどれだけいるだろう？　あなたの好きな男性が一〇人に一人なら、自分が嫌いな男ばかりに好かれるのは確率的に妥当だ。

もうひとつ、男性が女性を得る戦略はいくつもある。子どもの頃から多くの男性は、女性を得るために努力をしてきた。かっこよくなる、優しくなる、指導力を持つ、マメになる、ユニークでオンリー・ワンな存在になる、というように。

しかし、それらの努力を一切せず、とにかくガツガツ告白して相手を捕まえるという方法を実践してきた男性たちがいる。ちょっとでも気に入る女性がいると恋に落ち、熱烈に告白する。女性の心を理解できない彼らは「とにかく告白する」以外の方法を知らない。自分がどう見られているのかを一切意識していないようにすら感じる。このような男性と恋に落ちる女性もいることはいるが、ほとんどの女性は、そのような男性には魅力を感じないだろう。

さらにもうひとつ。結婚している男性や中高年男性、あるいは恋人のいる男性の一部にとって、女性はより性的な存在となっている場合が多い。このような男性は、あなたを一人の人格として考えず、ただかわいいとか色っぽいというだけで口説こうとする。単に抱きたいという欲だ。常に、あわよくばと考えている。彼らはあなたの性格も年齢も欠点も気にしない。彼らはあなたを人間としてではなく、性の対象としてのみ見ているのだ。あなたにとって、この手の男性も対象外の場合が多いだろう。

また、見た目の美しさは多くの男性を無差別に惹きつける。八方美人のような行動もそうだ。自分の好きな人を惹きつけるための、ある特定の行動のみが自分の好きな男性を選んで呼び寄せるのである。その特定の行動に関しては、この本を読んでいれば身についてくるだろう。

つまり、あなたの見た目がキレイであり、性的な魅力があればあるほど、そして自分の好きな男性を引き寄せる方法を知らなければ知らないほど「好きな人に好かれないのに、自分が嫌いな男ばかりから告白される」という現象が起きる。美しくない女性でもとても幸せな恋愛をしている人がいることや、美しい女性であるにもかかわらず不幸な恋愛経験ばかりしている人がいることもこれらと関係している。

「私って好きな人に好かれないのに、自分が嫌いな男ばかりから告白される、なんで?」に対する僕の考えは以上だ。いろいろな人から告白されたり、アプローチされたりするのは、あなたが美しかったり、かわいかったりしたら、避けられない災難である。それはあなたが性的な魅力を失うまでずっと続くだろう。

イヤな男から逃げる方法

まず、あなたがイヤな男ばかりに告白されるのなら、ある特定の場所以外は地味にして、美しさを抑えるというのがよいかもしれない。僕の友人のなかには、むやみに告白されるのを恐れ、あえてふだんはとても地味なかっこうをしている女性がいた。それでも、その奥にある美しさを見つけて接近する男がいるのだが。

では、すでにイヤな男があなたにアプローチしてきていたらどうするか? まず相手を傷つけることは、しかたがないと考えることだ。むしろ早めに傷つけたほうが、お互いの傷は小さくてすむだろう。早めに徹底的に傷つけるくらいの意気込みが必要である。そうしないと非常に面倒なことになるだろう。災難を大きくする女性は、「友達としての関係は切りたくない」などと言い、曖昧な態度をとりつづけてしまう場合がほとんどだと僕は思う。それがあなたの勘違いであれ、相手が自分のことを好きだろうと察したら、なるべく早く「私はあなたとそういう関係には決してなりません」という態度を一貫してとるべきだ。「コラム1　男と女は友達になれるのか?」にも書いたが、そういう男性は女性を恋愛対象、あるいは性の対象として見ているので、友達になれるとは思わないほうがよいだろう。

とにかく相手の意図により早く気がつき、一貫した態度をとることが重要である。その人に食事などに誘われたら、適当な言い訳をつけて断ろう。例外は決して作ってはいけない。何があっても断り続けるのだ。そのときは相手も必死なので、いろんな理由をつけてくるだろう。あなたの好きな映画に誘ったり、ちょっとした約束をさせ、守らせようとしたり、共通の友人を使ったり、同情を誘おうとしたりするかもしれない。でもあなたは「今日は忙しい、週末は友達と約束がある」など、ずっと適当な言い訳をして断り続けるべきである。「第4章　男が本当に考えていることを知る方法」で述べたように、「あなたとは付き合わない」という意思を行動で伝え続けるのだ。

一貫して断り続けていると、時には恨みの言葉や、非難や、怒り、脅しなど、ひどい言葉を相手から受けるかもしれない。それらは、「第8章　良い恋愛関係を壊すもの―感情的なとき、行動をしてはいけない―」で述べた衝動的な行動を男性がとったにすぎないので、真に受ける必要はない。相手が言葉であなたを動かそうとしているだけなのだ。そういうときは沈黙が一番よい。あなたはその言葉に乗ってはいけない。何も返事をする必要はない。やがて、相手は謝ってくるだろうが、それも無視するか、時間をおいて「気にしてないよ」というメールをしよう。そして、それまでと同様の拒否を続けることだ。会う約束はしてはいけない。電話に出てもいけない。メールの返事なんてしなくてよい。ともかくのらりくらりと断り続け、一貫した態度を示し続ける。そのほうがお互いのためである。ずっと断り続けていると、相手はやがてあきらめるだろう。

もうひとつ、過去に付き合っていた恋人が急にストーカー化する場合もよくあるが、同様にこの方法を用いることだ。その場合は、もっと厳しく完全に「あなたとは、絶対にそういう関係にならない」という態度を貫くことである。そうすると、もう彼とは友達に戻れないことになるが、それはしかたのないことである。

それでもイヤな男がしつこい場合

それでも相手がそれ以上のことをしたら、それはストーカーであり、セクハラである。まず念のため、あらかじめ彼の言動を日付とともに正確に記録しておく。メールを残し、着信記録を残し、留守録を残すことだ。その上で、それがストーカーであり、セクハラであることを強く相手に伝える。遠慮などいらない。しかし、相手は理性を失っているため、それでも伝わらないこともあるだろう。その場合は、権威ある人に訴える必要がある。権威ある人とは、相手の行動をやめさせる力を持つ人である。友達に相談しても、相手の行動は止まらない。場合によっては、法的な措置をとるか、同じ会社の人ならば、その会社を辞めるなど、彼のいる環境から離れるしかないこともあるだろう。そのときはじめて、彼のこれまでの言動の記録が役に立つ。あなたが美しすぎたり、性的な魅力が強すぎる場合は、そのようなストーカーにあったり、セクハラを頻繁に受けるかもしれない。それはしかたがないことである。とにかく早めに一貫した態度をとり続けることでその多くを回避できるだろう。

第8章

良い恋愛関係を壊すもの

―感情的なとき、行動をしてはいけない―

1 感情的な行動は恋愛を破壊する

恋人同士の関係が壊れるときや、片思いだった男性が逃げていくときには、女性のとる感情的な行動がきっかけである場合が多い。特に怒り、不安、不満、恐怖、嫉妬、強いストレスなど、負の感情が爆発するときの行動は、恋愛関係を一瞬で破壊する力を持つ。

「どうして、私の気持ちをわかってくれないの？」

「こっちがメールを送ってるのに、ぜんぜんメールくれないじゃない！」

「家にあったあのピアス、妹のじゃなくて、別の女のでしょ！」

「なんで、あのときドタキャンしたの？　仕事とか言うけど、私のこと考えてるの？」

「私はあんたの母親じゃない！」

人はいったん、強い負の感情にとりつかれたら、そのことしか考えられなくなる。どうにかして思い通りにしたくなる。相手に思いを知らせたくなる。そして、強いメッセージのメールや電話や言葉、態度を相手にぶつけてしまう。多くの場合、それは恋を終わらせかねない力を持つ。相手を怒らせてドロ仕合になったり、相手があなたに嫌気がさして去っていってしまったりする。

では、あなたが悲しかったり、怒っていたり、絶望感を味わっていて、どうしても彼に何かをしたくてしかたがなくなったら、どうすればいいのか？　答えは単純明快だ。

何もしてはいけない。

そのときに良いと思うアイデアが浮かんでも、たいていそれは良いアイデアではない。破壊を望まないのなら、ただただ何もせずに1週間待つことだ。感情的なときに何もしないことがどれだけ難しいか、と思うだろうが、何もしてはいけないのである。

たとえば、感情が収まるまでは、あなたがどうしたいかを紙などに書き、ほかのことをするとよいだろう。あなたの心が落ち着いたら、もう一度その紙を見て冷静に問題解決方法を考えればよい。とにかく、決して感情的な態度を彼にぶつけないことだ。そうしないと、今まで築き上げたものすべてが壊れてしまうだろう。

2　ありがちなケースとその対処の方法

ケース1　片思いの相手が思い通りにならないとき

まず好きな人がいて、相手が自分を好きじゃない場合を例に挙げてみる。あなたがメールを送っても相手からぜんぜん返事が返ってこない。電話をしても電話に出ない、出ても切りたがっている。いつも忙しいという。あなたは脈がないと思いながらも、ずっと努力を続けているという状態だ。そして、だんだんとフラストレーションがたまり、ついにこう思う、「もう終わりだ！　もうやめだ！」。そして、負の感情にかられて、こんなメールを彼に送ってしまう、「もう、私は疲れました。もうあなたには関わらないから自由に行動してください」「あなたは私を避けてますか？　そうだったら、はっきり言ってください。もう目の前には現れません」と。

これを受け取った相手はどう思うだろうか。おそらく彼は、そのメールを受け取るまであなたのことをほとんど忘れていただろう。あるいは、少しだけうっとうしいと思っていたかもしれない。しかしメールを受け取ったとき、彼は思うに違いない、「この女、なに感情的になってるの？」「オレがなにしたっていうの？」「すげえ、うっとうしい！」と、そして結果的に彼はあなたを嫌いになり、すべてが終わる。

じゃあ、どうするか。どうせ脈はないのだから「もう終わりだ！　もうやめだ！」と思った瞬間から、彼にメールも出さず、すべての努力をやめてしまいなさい。努力するから苦しくなり、好きな相手を嫌いになるのだ。すべてをやめ、新しい男性を探したほうが、ずっとよい。とにかく感情的な行動は、すべてを終わらせ、後悔だけを残すだろう。

時間がたち、あなたの気が向いたら、その男性にメールを出すといいかもしれない。時間とは不思議なもので、そうやって縁を切らずに細々とキープしていると。半年とか1年くらいたったときに、突然彼から「最近どうしてる？」とメールが来たりすることもある。関係を切ったらチャンスはもう来ないけれど、切らずにおけば、またチャンスはやってくるものである。時間がたてば、彼が寂しくなったり、恋人に振られたり、仕事がうまく行かなくなったり、ふと、あなたの良さを思い出したときなどに、連絡をとりたくなることがあるかもしれない。だから、あなたが心から疲れたら、努力をやめ、のんびりと関係をキープすればよい。月に一度のメールでも、数か月に一度のメールでも、気が向いたときに送れば、それでつながっている。その間に新しい彼を探そう。恋愛とはタイミングが重要である。

ケース2　恋人が思い通りにならないとき

次に、付き合っている彼に腹を立てている場合について語る。もし彼があなたをメチャクチャ愛していて、その関係は絶対だと感じているなら、感情的な行動もたまにはよいだろう。しかし、二人が倦怠期を迎えていて、へたすると彼があなたのもとから去るかもしれないと思う場合、ケンカや感情的な行動は逆効果だ。

この場合、感情的な行動をとらないために、もっとも有効なのは、距離を置くことである。買い物に出かけたり、寝てしまったり、バイトをするなどして、彼と一緒にいる時間を減らそう。同居しているなら、別々に住むか、部屋を2つにして、一人の時間をつくろう。そして、冷静になれるまで彼と距離を置き、何もせず、あなたが何をしたいかを紙に書こう。紙に書くだけで決して彼には見せてはいけない。1週間して、その紙を見ても同じ考えなら行動に移してもいいかもしれないが、たいていは書いたことはどうでもよくなっているはずだ。

そして、冷静なときに改めて考えることだ。あなたは、本当は彼に何をしてもらいたいのだろう。彼にどうなってもらいたいのだろう。実は、あなたの感情の爆発には日頃のフラストレーションが関わっているはずである。それは何だろう？　それが解決すれば、そんな感情は起きないはずだ。それを探してほしい。それを探すにも、それを解決するのにも、この本や他の恋愛指南書、人間関係の本が役に立つだろう。

また、自分がせいせいしたいがために行動するのも勧めない。せいせいするなど一瞬の感情にすぎない。一瞬の感情のためにすべての関係を破壊するのは浅はかすぎる。この場合も感情的な行動は、関係を壊す方向に動くだろう。もし別れるにしても、優しく別れたいものだ。

ケース3　気持ちを整理したくなったとき

女性のなかには気持ちを整理するために、相手に感情をぶつけてしまう人が多く見受けられる。たとえば、まったく連絡が来なくなった彼や、まったくあなたの思い通りに動いてくれない彼に、「気持ちの区切りをつけたい」と思い、あえて「もう終わりにしましょう」「あなたは私を愛していますか？　私はあなたの愛がわからなくなりました。愛していないのなら、別れましょう」「あなたの浮気性は収まらないのですね。もうさようならです」などと言ってしまうのである。

もし彼を思い通りにしたいのなら、彼には何も言う必要はない。黙って「第9章　冷めてしまった彼の心を取り戻す方法」に書いてあることを実践する。それによって彼が不安になり、「僕たちは、もう終わりなのか？」と聞いてきたら、そのまま継続し、タイミングを見計らって、あなたの気持ちを冷静に伝えればよい。彼はそれで変わる可能性がある。もしそれでも彼が変わらなかったら、彼のことは忘れて、そのままあなたは彼の前から消えていなくなればよい。

あなたにほかの好きな人ができてからなら、「気持ちに整理をつける言葉」を言ってもかまわないだろう。だが、まだ彼に少しでも未練があるなら、相手に「もう終わりにしましょう」と今あえて言う必要はない。あなたが彼を完全に忘れてしまった頃に、彼があなたを思い出すときがあるからだ。

3 感情的な行動をしてしまった後の対処のしかた

すでに感情的な行動をしてしまった人へ。

もし、あなたが強い言葉のメールや感情的なメールを送った後、しばらく相手からメールが来なくても、不安に駆られてはいけない。たいていの場合、相手は怒っていないし、感情的にもなっていないはずだ。たとえば、あなたがフォローするために送った「さっきは、変なことを言ってごめんなさい。感情的になってました」というようなメールを読んで初めて、「あ、そういうことなんだ、あれは僕を攻撃してたんだ」と相手は思うだろう。あるいは、「なに一人で、盛り上がったり盛り下がったりしてるんだ？」と思うかもしれないし、「こいつオレのことが好きで、こんなになってるんだな」と感じるかもしれない。

したがって、1週間以上は放っておき、それ以上たってもメールが来なかったら、何も関係ないメールを送るとよいだろう。1週間たつ前に相手からメールが来たら、そのときの相手の空気を読み、それに従った行動をとろう。そのとき、謝るのが妥当と思ったら謝ればよい。

さらに、相手と感情的なやりとりになり、相手を怒らせ、すべての関係を破壊しつくしてしまった場合について述べる。

それが片思いの相手に対してであったのなら、1週間程度の間何もせず、その後に「いろいろあって感情的になっていました。ごめんなさい」とメールし、沈黙しよう。手遅れだと思うが、それが最善だろう。沈黙して2か月程度たてば、ある程度相手の感情も収まっているかもしれないからだ。

二人がすでに恋人なら謝罪の手紙を書こう。その手紙には次の内容を入れた文章を書く。
・自分の感情的でバカげた行動を責める言葉
・相手を傷つけてしまったことへの謝罪
・相手が自分にとっていかにかけがえがないかを示す言葉
ただし、ここでは次のことを書いてはいけない。
・言い訳
・相手の悪いところ、間違っていることを指摘すること
・自分がどうしてそのような気持ちになったのかをわかってもらうための言葉
たとえ、どれだけ自分の言い分が正しいと思っても、これらを書いてはいけない。書い

たところで相手の心には届かないし、相手をますます怒らせることにもなりかねないからだ。この手紙を相手に出し、もし相手からあなたを責める言葉があっても、それに反応してはいけない。相手が許してくれたのならそれを受け入れよう。

4 最後に

自分がとった感情的な行動について、「私の言い分は間違っていない」とか「相手に筋を通してほしいからそうした」という人がいる。しかし、人は理屈や道理で動いてはいない、感情で動いているのだ。それは相手の男性もそうだし、あなたもそうである。多くの人にとって理屈とは感情にのせている表面上のものにすぎない。

つまり人間関係では、誰が正しいとか間違っているといったことよりも、相手がどう感じているか、相手にどう感じさせているかこそが重要である。したがって、相手を動かそうと思ったとき、何が正しいかは忘れることだ。そして、自分がどう動けば、相手の心を思い通りに動かせるかということと、相手の言動で自分の心がどう動いたかを知ることが重要なのである。

第9章　冷めてしまった彼の心を取り戻す方法

恋愛をしているときに、恋人と自分とのテンションが違いすぎることで悩んでいる女性は多いようだが、その原因は、おそらくあなたにとって意外なものであるだろう。そして、今から述べるその解決方法は、いたってシンプルであるし、どのような相手にも間違いなく効果がある。

1 目の前にいるあなたを忘れてしまった彼

あなたは、次のような状況におかれていないだろうか？

・忙しいと言って、彼がぜんぜん会ってくれない。
・選びに選んで高価な誕生日プレゼントを買ってあげたのに、彼は適当な安物しかくれない。
・私がカゼをひいているのに電話もくれない。
・いつも私から連絡をする、彼からは電話もメールもない。
・旅行の計画はいつも私が立てている。
・彼は私と一緒にいる間、ずっとテレビゲームをしている。

・平気で約束をすっぽかす。
・出会い系をやりまくっている。
・他の女性としょっちゅう遊びに行く。
・私のことよりも友達のことを優先させる。
・言葉でいつも私をコントロールする　など。

このような彼のふるまいの原因の多くは、あなたの行動にある。まず多くの場合、あなたは彼に尽くしすぎているはずだ。あるいは同時にあなたは彼に「〜してほしい」と要求ばかりしているかもしれない。実はそれこそが彼の心が冷めている原因である。今あなたが彼に尽くしているとしたら、彼の心の中にあなたはいない。今まさに彼は、あなたを忘れているのである。

男性は手に入った女性に興味を失う。男という生き物は手に入らない女性を手に入れようとする生き物なのである。だから、彼の所有物になってはいけない。あなたが尽くせば尽くすほど、彼はあなたをうっとうしく思うだろう。彼に尽くしまくるあなたは、やがて尽くすことに疲れ、今度はいろいろなことを彼に要求するようになる、「なんで○○は電話してくれないの？　私ばっかり電話してるじゃん」「たまには○○が旅行の計画立ててよ！」と。そのとき、彼はあなたの言う通りにするかもしれないが、そのときだけである。

そして、「勝手におまえが尽くしといて今度は要求かよ！」と、彼の心はさらに冷めてしまうだろう。彼はあなたを避け、ほかの女性を探し始めるかもしれない。

さて、このように、目の前にいるあなたを忘れてしまった彼なのだが、その彼の心を取り戻す方法は、いたってシンプルだ。まず、自分からは電話もメールも一切しないことである。もちろん会うのもやめる。解決法はここから始まる。

「そんなことしたら、彼は私を忘れてしまう」と、あなたは言うかもしれない。いいえ、彼はあなたを忘れない。ずっと連絡をしないでいて初めて彼の心の中にあなたが現れるのである。彼の心を取り戻したいのなら、彼に尽くすのをやめ、要求もやめ、こちらから連絡をとるのもやめなさい。そうすれば、やがて彼は恋人が自分から離れていく不安に襲われるはずだ。

ただし、すぐに結果が見えるわけではない。この方法が効くのは、やり始めてから数週間後になるだろう。場合によっては1か月かかるかもしれない。とにかく、相手から連絡が来るまで、あなたは何もしてはいけないし、連絡がきても最初は返事すらもしてはいけない。そうすれば、まもなく彼の心はあなたに向き始めるだろう。

2 彼の心を取り戻すためのステップ

連絡を絶つ前

連絡を絶つ前は、彼に自然に優しくし、居心地の良さを提供する。決して彼にダメ出しをしたり、要求や強い感情をぶつけたりしてはいけない。

連絡を絶つきっかけ

連絡を絶つきっかけとしてよいのは、相手があなたを怒らせたり失望させたときなど、彼が「もしかしたら、アレが原因で怒ったのか？」と思うようなときを選ぶ。もし、そのようなきっかけがどうしても見つからないのなら、突然でもよいだろう。

連絡の絶ち方

完全に連絡を絶つ。いったん連絡を絶ったら、自分からは絶対に連絡をとってはいけないし、彼と偶然にでも会わないようにしなければならない。もし偶然に会ってしまったら、無理に避けずに自然に話すが、「用事がある」などと適当なことを言い、彼の前からすぐに姿を消す。とても辛いだろうが、徹底することこそ重要だ。

また、彼があなたのホームページやブログの存在を知っているのなら更新をやめ、メッセンジャーやSNS（インターネット上でのコミュニケーションツール）を通じてあなたの存在を感じるのなら、それにもアクセスしないようにしよう。彼にとって、あなたが生きているのか死んでいるのかすら、わからない状況にするのがベストだ。物理的にどうしてもそれが無理なら、できる範囲でベストのことをしよう。ちなみに、すべてを消し去るのと、そうでないのとでは、効果がまったく違う。彼の心にあなたはいないわけだから、最初の1か月程度は彼から連絡が来ない場合も当然あるだろう。そうなると、強い不安があなたを襲うかもしれないが、それでも自分からは決して連絡をとらないようにしよう。

彼から連絡が来たらどうするか

突然に彼と完全に連絡を絶って1か月がたった（人によっては1週間。長くても1か月半だろう）。そしてようやく彼からメールが来た。「最近どうしてるの？」まず来るのは、このような何でもないメールだろう。何度も注意するが、彼からメールが来るまで絶対に自分からメールをしてはいけない。一度でもメールをしたらこの方法は無意味になる。例外はない。

さて、メールが来ることを期待していなかったあなたは、彼からのメールに驚くかもしれないが、この彼からの第1通目のメールにも返信してはいけない。この「最近どうしてるの？」というメールは、彼の心に生まれた不安からくる「いつもの距離にいるよね？」という確認のメールであり、今あなたがメールを返すと、彼は安心し、元の黙阿弥に戻ってしまうからだ。2通目のメールが来るまで何も返信せずに待とう。それまでに数日たってもかまわない。「大丈夫？　心配だよ」というような内容のメールが次に来るだろう。そうしたら、そのメールが来て24時間以上たってから「元気だよ」とだけ返す。この時点で、彼の心がようやく不安で満ちることになるだろう。それまで自分の手の中にあり、自分の所有物だと思っていたあなたが今、自分の前から消えようとしているかもしれないからだ。

彼の態度が変わるステップ1

不安に満ちた彼は、あなたにいろいろなメールを送ったり、電話をしたりするだろう。まず、電話には絶対に出ないことだ。ストーカーのように何十回もかかってくるかもしれないが無視をする。「もう僕たちは終わりなんだね。さようなら」と別れを告げるメールが来るかもしれない。「電話とかメールとか迷惑なの？　もうこちらからは連絡しません。さようなら」と言うかもしれない。「無視するな！　失礼だろ！」と怒るかもしれない。それでも彼からの電話には一切出てはいけない。どんな怒りのメールも電話も無視する。「今から家に行くぞ！」と言われたら、「ごめん、今は会いたくないです」とだけ返す。それに対して、さらにたくさんのメールや電話が来るかもしれないが、それも無視をすることだ。

今彼は感情にあやつられ、言葉でなんとかあなたを動かそうとしているのだ。彼は、あなたの理不尽な行動に対して怒りに支配され、また、あなたの離れていく行動によって不安に支配されている。そして、今まであなたのことを忘れていた彼は、あなたのことで頭がいっぱいになっているのだ。

それでもあなたは電話には出ず、メールの返信は極端に減らす。目安としては、2〜3日に1通、文字数は30文字以内、内容は極めて事務的にし、自分の感情を込めず、相手への攻撃や気遣いもなくす。つまりあなたは「もう何もかも疲れた。あなたへの興味を完全に失った。電話に出る気もしなければ、メールを返す気もしない。今は精神的に限界なので、あなたとは関わりたくない。別れてもべつに構わない」という役を演じるのである。役の演じ方については、「第7章　駆け引きのしかた(2)―シミュレーション」を参考にしてほしい。あなたにとって、この時期が一番辛いだろうが、一番のがんばり時でもある。

彼の態度が変わるステップ2

やがて、彼が愛の言葉を告げ始めるだろう。何度も言うように男性は手に入りそうで手に入らない女性にこそ興味を持つのだ。やっと彼の心の中にあなたが現れたのである。だが、この状態になってもまだメールの頻度を増やしてはいけない。彼が愛の言葉を告げ始めてからも、ステップ1と同様、極端に少ないメールのやりとりをさらに1週間から10日続ける。

毎日、何度も電話やメールが来る可能性もあるだろう。あなたはそんな彼の行為をストーカーのように感じるかもしれないが、彼は不安でいっぱいになっているのだ。実はこのときの彼は、あなたのことを好きになっている。「第2章　恋愛回路の話」を読んでいただければ、彼の心がどう動いているかの参考となるだろう。彼があなたに対して初めて味わう感情である。それは最初に彼があなたを好きになった頃の感情に似ているが、もっと強く、そして切ないものだ。強い執着が生まれているのである。

最終ステップ

実は、ここからが重要だ。それは、あなたが彼にあなたの扱い方を教えるステップであり、同時にあなたも、あなた自身の扱い方を覚えるステップだからだ。この段階にきたとき、彼はあなたの心を取り戻そうと、いろいろな手段を使い始めるだろう。それがあなたにとって嬉しいものであれば受け入れよう。そうでなければ、無視したり、適当に断ったりすればよい。

たとえば、それがディズニーランドでのデートだったとしよう。今まであなたが何度も行きたいと言ってたのに、「いつか行こう」としか言わず、一度も行かなかったディズニーランド。ついに彼はあなたをディズニーランドに誘ったのだ。それには「嬉しい！　行きたい」と素直に言い、デートに行こう。そしてデートは存分に楽しむ。嬉しいときは「嬉しい」と言うことが大切だ。そしてデートの最後に、あなたを楽しませてくれた彼に心からお礼を言おう。そうすれば、彼は、あなたを楽しませたことに心から喜びを味わうだろう。あなたが、これまで恋人として付き合っていなかったのなら、ここで彼に「付き合ってください」と言わせることができるだろう。この場合、彼が「付き合ってください」というまで、体も心も許してはいけない。

あなたにとっては意外かもしれないが、基本的に男性は女性に尽くして喜ばれたときに快感を味わうものである。あなたは「彼女が喜ぶことをするのが、生き甲斐だ」と彼が感じるように行動し続け、徐々に関係を戻していきながら、彼の行動パターンを作っていくのである。そのコツは、彼との関係が元に戻ってもメールや電話などのやりとりはひかえめにすることだ。あるいは相手が自分に冷たくなったなと感じたら、少しだけ沈黙することである。ここで、あなたが前のように尽くし始めたら、彼は以前の状態に戻ってしまうだろう。彼の心を冷まさないためには適当な距離感を持つことが大切である。「私は、放っておかれたら、あなたから去っていくよ」という距離感だ。その距離感にいると彼はあなたを独り占めしたくなるし、一緒にいるのに一人でテレビゲームをしたり、女友達に誘われて飲みに行ったりというようなことはしなくなり、あなたをないがしろにしなくなるはずだ。これまでのあなたは彼に好かれようと、彼の好みに合わせ、彼の要求を聞き入れ、ひたすらがまんしていたが、そうしたところで彼はあなたを好きにならない。今までもそうだったはずだ。これをやめるのだ。

　彼に尽くすのをやめたあなたがするべきことは、彼があなたのために何かしてくれたときに心から喜び、ほめることだ。男にとってはそれが嬉しい。本能的に自分の能力を認められたと感じるのである。そして必要なのは相手を包み込む器だ。彼が失敗しても、彼のやり方が気に入らなくても、あなたは彼を許す必要がある。そこで彼にアドバイスをするのはひかえることだ。それは単なるダメ出しになってしまうからだ。彼はダメ出しを単なるダメ出しとして感じるのではなく、自分のすべてを否定されたと感じてしまうだろう。男性は、そのままの自分を愛してもらいたい、認めてもらいたいと常に思っているものである。もし、どうしてもがまんできないなら、一度だけ感情を込めずに言おう、たとえば

「私は、○○のこういうところを直してほしい」「ご飯食べているときくらいは、一緒にいっぱい話したい」と。そのときは直らないかもしれないけど、彼はそれを覚えているだろう。そしてあなたが不機嫌だったり、距離を置くと彼はそれを思い出し、あなたの要求を満たすだろう。恋愛では沈黙や距離をうまく使うことが重要だ。彼が自分の言うとおりにしてくれたら、喜び、心からほめてあげよう。

この方法が使える条件

この方法を使うには、まず、あなたと彼が恋人である必要がある。そして、付き合って半年から1年以上たっている必要があるだろう（そこまで時間がたっていない場合でも効くことはあるかもしれない）。遠距離恋愛でもこの方法は有効である。また、恋人でなくても、あなたと彼に恒常的な体の関係があり、あなたが彼によく尽くしている場合には有効だろう。それは恋人に準じた関係だからである。彼に一度も強く愛されたことがなくても、あなたが一方的に彼に尽くしていたのなら有効である。

ただし、この方法は、すでに別れてしまっていたり、片思いの場合は使えない。彼があなたに別れを切り出していたり、別れようとしていたら、効かない可能性がある。また彼に新たに好きな人ができている場合は、この方法が使えないかもしれないが、試してみる価値はあるだろう。さらに、あなたがいつも男性にすぐに振られてしまう場合も、うまくいかないかもしれない。この場合は、あなたは何か別の理由で振られているのかもしれない。したがって、その男性たちが、あなたから離れていった共通の理由をまず知る必要があるだろう。

職場が同じ人、同棲している人へ

恋人と同じ職場で働いている女性がこの方法を用いる場合、職場では普通にふるまい、プライベートで実践することだ。そうすることで、効果は落ちるが彼の心を取り戻せるだろう。しかし同棲している人の場合は、この方法の実行は難しい。また同棲というのは恋愛関係において、あらゆる意味でマイナスだと僕は考えている。恋愛において距離感はとても重要だからだ。その距離感がうまくとれないのが同棲である。同棲していて彼の心が冷めているのであれば、別々に住むことが彼の心を取り戻す第一歩となるだろう。

この方法でしてはいけないこと

この方法を決して彼に言ってはいけない。また彼に「こういうことを、もし私がしたら、私のこと好きになる?」と聞いてもいけない。聞いたら効果はなくなってしまう。また、これは何度も使える方法ではない。チャンスは一度きりだと考えてほしい。おそらく途中で精神的に苦しくなるだろうが、一度始めたら、最後まで、やりきる覚悟が必要となる。感情に負けずに意志を貫くことを約束できるなら、この方法は、あなたを必ず助けるだろう。

第10章　復縁の可能性を高める方法

　恋人に振られてしまって、その彼との関係を復活させたいという女性は多い。「復縁」をキーワードに何とか解決策はないものかと探しまわり、ついにこの本にたどり着いた人もいるだろう。しかし、その強いエネルギー、衝動、欲こそが恋愛関係をさらに壊す力になっているかもしれない。基本的に、いったん振られてしまったら、再び付き合うことは、ほとんど不可能である。新しい人を見つけ、同じミスを繰り返さないことを勧める。だが、新しい人を見つけろと言われても、そんなことできないと思う女性は多いだろう。彼女達の頭の中には「恋愛回路」（「第2章　恋愛回路の話」参照）ができあがり、彼のことしか考えられなくなっているからである。

　では復縁は無理なのかといえば、もちろん可能性はゼロではない。まれではあるが実際に復縁する人も時々見かける。そこで、この章では復縁の可能性を高める方法について話していきたい。なお、ここから読み始めた人はぜひ、この本のすべての文章に目を通してほしい。この本で僕が話していることは、すべて復縁するために大切なことばかりだからだ。この本のすべての知識をふまえて行動することで復縁の可能性は高まるはずだ。

1 復縁のために何をするべきか

復縁のために気をつけるべきこととして共通することを挙げるなら次の3つだろう。

感情的な行動をしてはいけない

これについては、「第8章　良い恋愛関係を壊すもの」を読み実行すること。

どうして自分が振られたのかを正確に理解する

別れの際に彼が言った言葉を鵜呑みにせず、どうして自分が振られたのかを正確に理解することが復縁には不可欠だ。「第4章　男が本当に考えていることを知る方法」を読めばわかるが、彼があなたを振った本当の理由を述べていないことはよくある。本当の理由がわかれば、どうすればよいかが自然に見えてくる。

今すぐ復縁しようとせず、長い目でみること

今すぐ復縁しようとあせることは、状況を正確に分析することを妨げたり、感情的な行動に走らせる原因となり、結果的に復縁の可能性を低くすることになると僕は考えている。長い目で見て行動することである。

2 失恋の一般的な流れ

さて、次に典型的な失恋の流れやパターンをいくつか見てみる。

相手を振るというのは、基本的にとても大きなエネルギーがいる。それまで自分と生活の一部を共にしていたパートナーを手放すことになるし、どういう形であれ、相手も自分も傷つけるからだ。それでも振るのである。つまりよっぽどのことが彼にあったと考えるのが妥当である。

振られた女性は、最初は混乱する。相手にメールや電話をあびるほどし、何が起こったのかと説明を求め、相手に謝り、相手に媚び、時には相手に対して怒り、頼むから復縁してほしいと頼む。次にその女性がとりがちな行動は「友達でもいいから、つながっていたい」「恋人を越えた関係だからずっと一緒にいたい」と伝えることだろう。多くの場合、男性はそれをも拒絶するか、「友達としてならいいけど、たぶん恋人として付き合うことはないと思う」と返す。それでも、友達になれたのなら、なんとか恋人に昇格したいと考えている女性は、いろいろな手段を使って復縁しようとする。しかし、たいていはうまくいかず、男性の心は、どんどん冷めていく。そしてメールなどによる連絡の頻度が減り、すべてがフェイドアウトする。あるいは、復縁を頼み込み、いったんは復縁に成功しても、相手の心がすでに冷めているため、「都合のいい女」に成り下がるか、しばらくしてまた振られる。やがて、相手に新しい恋人ができたり結婚したりしてしまい、その女性もついにはあきらめる。

3 タイプ別復縁のしかたと可能性

では次に、これまでの二人に何が起こったのかのヒントとなる典型的なパターンを書き出し、その解決策を提案することにする。各タイプにより復縁の可能性と、復縁のしかたが異なる。

(1) 彼にたくさんのダメ出しをした場合

「彼があまりにもだらしなくて、私いつの間にかお母さんみたいになってるよ」とぼやいている女性をよく見かける。あなたは、かつては彼の恋人だったはずなのに、いつの間にか彼の母親になってしまったのかもしれない。でもよく考えてほしい。彼はあなたに母親になってくれなんて頼んでいないはずだ。あなたが勝手に名乗り出ただけなのだ。あなたは彼を立派な男にしようとしたのかもしれない。彼があまりにだらしないので、仕方なく彼に注意して普通になってほしかっただけかもしれない。しかしその行為は、彼を自分の思い通りにしようというエゴでしかない。彼にしてみれば迷惑だし、よけいなお世話だ。あなたが親にさんざん小言を言われたとき、ただ、うっとうしさだけを感じるだろう。それと同じことなのだ。

彼は今、あなたを思い出すたびに、嫌な感覚に襲われる。男性は自分を無能扱いされるのが一番辛いと言ってよいのに、結果的にあなたは彼を無能扱いし続けてしまった。「彼女の思うような自分にならないと自分は愛されない。彼女は僕を愛しているのではなく、僕に似た誰か別のスーパーマンを愛しているのだ」と彼は感じる。そして、あなたと一緒にいるのがつらくなり、ついにはこう思う「そんなにオレがいやなら、ほかの男とつきあえよ！」と。そして、あなたはついに振られてしまった。

ではどうするか。あなたは、２週間程度の沈黙のあと、１通のメールか手紙を出す。そこで彼がいかに素晴らしかったか、自分がいかに間違っていたかを謝罪する。謝罪するだけで復縁を求めてはいけない。復縁を匂わすニュアンスすら出してはいけない。また、自分を正当化する一切の内容も盛り込んではいけない。その手紙に対する返事は来ないかもしれないが、決して返事を求めてはいけない。もし、すぐに優しい返事が来た場合には「ありがとう、嬉しいです」とだけ書いて、すぐに沈黙期間に入る。その時点から相手からの連絡が来るまで、少なくとも半年は何の連絡もとらない。彼にできるだけ自由を味わわせてあげる。こうして、不愉快な思い出が風化して、彼が自然にあなたを思い出すのを待つのである。

数か月後ないしは半年後、彼からのメールが来たら、その数日後に彼を思い出すメールを書く。内容は別れてから2週間後に書いたような優しいものにする。さらには彼が思わず微笑むような二人だけのエピソードも書く。長いメールではいけない。重くない、さわやかなものである必要がある。もし、あなたが彼に浮気性の女性と思われている可能性があれば、複数の相手に出したコピーメールと間違われないようにする配慮も必要だ。それに対する彼からの返事が来ても、すぐに返事はせず1〜2週に1回程度のメールに抑える。彼から返事が来なければ2週に1回を、3週に1回、4週に1回としていく。そして、それを彼の心が温まるまで続ける。彼が自分から会おうというまで自分から会おうと言ってはいけない。彼が何か嬉しいことを言ってくれたら、心から感謝するメールを書く。彼から長いメールや電話が来始めたら、それに応じて自分のテンションも上げてよい。

(2) 彼がほかの問題を抱え距離を置こうとしたとき、それを認めずより近づこうとした場合

多くの男性は、大きな問題に直面したとき、それ以外のことが考えられなくなることがある。そのとき、彼は一人で問題を解決したいと思い、あなたと距離を置きたいと思う。男性は自分の力で問題を解決したがるものなのだ。しかし女性がそれを不安に感じ、感情的な行動をとると男性が離れていく場合がある。自分を理解できない彼女の気持ちを彼は理解できない。

この場合は、すぐに短い謝罪のメールを書く。「あなたが問題を抱え、悩んでいるときに、私は自分のことしか考えられなかった。本当にごめんなさい。私はあなたに何があっても、どんな関係でも、いつもあなたを見守っていたいと思ってます」そう書いて、2か月間の沈黙に入る。これは言葉と行動を一致させるためである。そして、2か月たったら、自分の何でもないエピソードを短く書いたメールを送る。そのときに相手にどうなったとか、もう解決した？　といったことを聞いてはいけない。ただ、自分のことを書く。彼が気まぐれに、あなたにメールしてきても、すぐに返事を出してはいけない。彼が送ってきたメールの長さ程度の文字数で、半日以上時間がたってから返信する。それに返事が来ても、すぐに返さず時間をおいて返す。彼からのメールが来なくなれば、こちらからもメー

ルをしない。彼を放っておいてあげることが大切なのだ。彼のテンションがあがるまで辛抱強く待つ。3か月あるいは半年かかるかもしれない。彼から頻繁にメールが来るようになったら、復活は近い。

このケースで注意しなければならないのは、男は口先だけで「問題を抱えていたので一人になりたかった」と言う場合があるということだ。あなたはこれが本当の理由かどうか見極めないとならない（「第4章　男が本当に考えていることを知る方法」参照）。

(3)　彼に強く結婚を迫ったり、責任をとるべきだと責めた場合

それはイソップの「北風と太陽」の童話にたとえられる。北風にように強い風を吹きつけたら、彼は服を着込んでしまう。太陽のように彼が結婚したいと思うよう仕向けなくてはならなかったのだ。このパターンの復縁は特に難しい。彼はあなたを思い出すたびに、強い責任を感じてしまうからだ。本当に大好きな女性に対してでさえも、男性にとって結婚という選択には覚悟がいる。20代後半以降の女性がモテなくなり、別れたときの復縁が特に難しくなるのは、これが強く影響している。

このような場合は、彼をあきらめることを勧める。復縁は、ほぼ不可能だ。彼を忘れ、新しい男性を探したほうがよっぽどよい。新しい男性は、あなたの魅力だけに惹きつけら

れる。しかし、別れを決意した彼は、あなたの良い面も悪い面も知った上で結婚と天秤にかけ、あなたと別れたのだ。彼は、せっかくあなたと別れて自由になったのに、また同じ天秤にかけるだろうか。結婚を恋愛のひとつのゴールとするなら、あなたには、もう時間がないだろう。復縁へのプロセスは、あなたにとって貴重な時間を多く費やす上に、その成功の可能性も極めて低い。あなたとの結婚を一度は拒絶した彼に再び結婚させたいと思わせるのだから。

それでも復縁したいと思うのなら、まず3か月程度沈黙することを勧める。それにより彼にかけていた結婚のプレッシャーをなるべくフリーにするのである。そして「最近どう？」と、何気ない内容で短いメールを1通出す。彼から返事が来てもすぐにメールを返してはいけない。1日から数日置いて返事をするのが適当だろう。そして彼の返事のタイミングや内容からテンションを推し量り、彼と同じ頻度で同じようなテンションのメールを返す。それは、彼との復縁に良いタイミングをつかむためと、少しずつ彼の気持ちを温めるためである。

メールをしても彼から返事が来なければ、そのままさらに数か月沈黙し、そのあとにもう一度出してみる。彼から連絡がない間は、彼との関係でどのような間違いがあったのか？と、まず自分を分析しよう。せっかく復縁できそうになっても、同じ間違いを繰り返すと、すべてが水の泡になる。また自分が相手に出したメールで、彼にそれを思い起こさせてしまったら、復活の可能性はゼロになるかもしれない。この本や巻末で紹介した『ベストパートナーになるために』などの良い恋愛指南書を読み、自分のした間違いを徹底的に検証するべきだ。「もう私は知っている」と思っている人でも、本当の理由に気がついていない人は多いはずだ。必ず、本を読み、冷静に分析することである。そして、連絡がない間は、人の心を研究し、男の心を研究し、外見も磨くように努力しよう。再会したときに「この人とだったら一生一緒にいてもいいな」と彼に思わせるほど、やさしさと自信があふれる魅力的な女性になるために。

復活するまで、あなたは彼に何も求めない。彼を支え、彼を見守る存在になる。必要であれば彼から離れてあげる。そのような無償の愛を1年程度続ける。それらの過程を経て運良く彼とのメールが盛り上がってきたら、メールに二人の楽しかったエピソードを織り交ぜてみる。そして彼の様子をうかがう。もし彼が再び会いたいと言ったら、それは大きなチャンスとなる。あなたは、このチャンスを逃してはいけないが、まだ彼に何も求めてはいけない。今まで得た知恵を総動員し、何も言わずして、彼にとって掛け替えのないパートナーは自分であるように感じさせるのである。そして、あなたはより美しくなり、料理上手になり、思いやりのある人になっていて、「あれ、こいつ、こんなにいい女だったっけ?」と彼に思わせるよう、再会するときまでに、より魅力的になっていないといけない（このときの言動には「第1章　落ちない男を落とす方法」の(1)(3)(4)(5)を参考にするとよいだろう）。その後、彼が「また次も会いたい」と言ったら、彼のテンションによっては彼に「愛している」と、この時点で初めて伝えてよいだろう。でもまだそれは何も求めない愛である必要がある。彼のテンションが低いときには、何も言うべきではない。また正式に付き合うまでは体の関係を持ってはいけない。体の関係を持つと急に彼のテンションは下がり、最初の状態に逆戻りするかもしれないからだ。男性がその女性を手に入れたと感じた瞬間、結婚を意識し責任を感じ、冷める場合がある。何度も会っているうちに彼が付き合いたいと言ったとき、もしあなたが望むなら、結婚の話を切り出してよいだろう。ここで彼が躊躇するようであれば、それは復活とは言えないからだ。

結婚の話を彼が受け入れたなら、おめでとう！　あなたは太陽となり旅人に服を脱がせることができたということになる。ちなみに結婚に関して、彼の常識とあなたの常識が擦り合わない場合、やはり彼は結婚を躊躇し、あなたと復縁したがらないかもしれない。結婚と恋愛が違うのは、この部分によることが多い。彼は間接的に、あなたから結婚に関する考えを引き出そうとするかもしれない。それが彼のニーズに合わない場合、あなたと復縁しないかもしれないのだ。あなたは冷静に見極め、譲れるところは譲り、譲れないところは譲らないようにする必要がある。ここでは、あなたにとって本当に大切なものが何なのかが問われる。

(4) 彼の優しさに甘え、彼を傷つけた場合

一部の女性は、付き合い始めの男性のテンションが永遠に続くと信じていて、当然彼が自分に尽くし続けるものだと確信している。しかし、恋愛関係は自由な関係で、利害により成り立っている。そこには何の契約もない。彼は自分が与えるばかりで、彼女から何も得られない関係に疲れ果て、ついには逃げ出したくなったのかもしれない。

この場合は、基本的に(1)と同じことをする。あなたの性格にウンザリしてしまった彼に「彼女は変わった」と思わせないといけない。

(5) 彼に尽くしすぎたり近づきすぎた場合

女性が男性に近づきすぎたり、尽くしすぎたりすると、男性は距離を置こうと考えることがある。男性は女性を手に入れるプロセスを楽しみたいのに、その女性が自分からすべてを与えてしまったからだ。そして、男性はその女性と付き合う責任に重圧を感じてしまい、逃げ出したくなる。これには大きく分けて2つのパターンがあり、対処方法も異なる。

①あなたから「好きです付き合ってください」と言い、もしくは同等のテンションで彼と体の関係を持ち、恋人として付き合うことなく、体だけの付き合いをしていて振られた場合

あなたは、返済計画なしでローンの買い物をしてしまったようなものだ。先に体を許し、その代償に心を手に入れようとした。しかし、これは多くの場合、うまくいかない。相手と体の関係を持つことで精神的にも親密になれたと感じる女性は多いのだが、男性は違う。多くの男性は好きでなくても自分に責任がないなら女性と関係を持てる。だからあなたが彼と関係を持ったところで、相手はあなたを愛しているかどうかはわからない。思い返してみてほしい。彼はあなたに自分から積極的に「愛している」と言っただろうか？　あなたと積極的にデートをしていただろうか？　常に受け身ではなかったか？

彼の優しい言葉は、実はあなたが言わせているか、彼の罪悪感から言っている場合が多い。あなたは彼を手に入れたと錯覚しているが、本当は何も手に入れていなかったのだ。

体の関係を持つと、多くの女性は強く相手に情を感じ、より好きになってしまう。そして、相手に尽くしたり、相手との距離を近づけ、責任を求めてしまう。でもそれは、男性に恐怖心や強いプレッシャーを与えることになる。好きでもない女性の責任などとれるはずもない。だから彼はあなたと別れたのだ。というよりも、彼の心境としては初めから付

き合ってなどいなかったと言える。したがってこの場合は、復縁というよりも一から彼を手に入れなければならないと考えるべきであろう。さて、この状況で彼を手に入れるには、あなたが彼にとって、これまでどれだけ貴重な存在だったかが重要となる。あなたは誰にも負けず美しいのか？ 優しいのか？ 彼は女性がほとんどいない環境にいるのか？ 彼はモテないのか？ そういった市場原理が働く。方法としては、まず距離を置く。そして1か月沈黙する。そうすることによって、彼にとってあなたがどれだけ貴重かがわかる。

ⓐ1か月以内に彼からメールが来た場合

あなたは彼にとって貴重な存在であるかもしれないが、ここからの努力は難しい。彼に付き合ってほしいと言っても彼は断るだろうからだ。努力のひとつの方法を教える。この方法は、あなたに苦しみを強いる可能性があるので、なかなかお勧めはできない。しかし、最後までやりきったら、確かに大きな効果がある。

まずあなたは、1年をかけて彼に尽くしながら、彼にとって完全に都合のよい関係をつくるのである。彼に新しい恋人ができるかもしれない、彼が一人になりたがるかもしれない。そのとき、彼が求める距離を満たしてあげる。彼が体の関係を持ちたがれば持ってもかまわない。だが彼には何も望まない。彼がどんなにひどいことをしても耐える。同時に、優しさでも、美しさでも、面白さでも何でもよいので、あなたの魅力を彼に植えつける。体の関係を持っているときも、彼を楽しませる。つまり、あなたは彼にとって貴重な存在になる必要があるのだ。そして彼にとって本当に都合よく1年間ふるまった後、彼があなたに癒着したと感じたタイミングで、「第9章　冷めてしまった彼の心を取り戻す方法」を読んで実行し、完全に彼のもとを去るふりをする。これは本当に効く。彼は、本当に大切なものに気づいた。そしてそれを失ってしまった」と感じ、あなたを取り戻そうとするだろう。セカンドラバーだった女性が彼を射とめたという話を時々聞くが、この方法を無意識に実行していた場合が多い。

この方法を実行している1年間はとてもつらいし、とても不安だろう。それに耐える覚悟がなければ、この方法はやってはいけない。中途半端にやれば、ただの都合のいい女で終わる。何度も言うが、あまりお勧めはできない。普通の女性には難しいだろう。この方法ができそうにない場合、「第1章　落ちない男を落とす方法」を実行することを勧める。効果は少ないが痛みも少ないだろう。

ⓑ彼と距離を置き、1か月沈黙してもメールが来ない場合

この場合、復活の可能性は、さらに低くなる。ただ、このまま沈黙をし続ければ、半年程度たったときに、ふと彼があなたを思い出し、メールをくれるだろう。そのときがチャンスだと言える。体の関係が複数回あったにもかかわらず、突然連絡を断った場合、相手が連絡を一度もとらずに終わるケースはまれである。1か月から半年の間に必ず一度は連絡をしてくるものだ。それでも連絡をとってこなかったら、それは彼にとってあなたが本当にうっとうしかった場合で、通常は考えにくい。注意すべき点は、突然連絡を絶つということだ。もし別れ際に、あなたが「二度とあなたとは会わないでしょう」「私のことは忘れてください」などと関係を断ち切るような発言を強く言ったとしたら、彼は当然連絡をとりづらくなる。もともとそれほど好きじゃないのに、そんな強い言葉を言われたら、無理にでも忘れようとするかもしれない。もし別れ際にそのような強い言葉を発してしまったのなら、2か月程度たってから彼に何気ないメールをする。相手から連絡があったら、友達という雰囲気から少しずつ相手の心に入っていこう。そこは「第1章　落ちない男を落とす方法」を参考にしてほしい。なお、きちんと付き合うまでは体の関係を持ってはいけない。

その長い沈黙に耐えられない場合は、さらに復縁の確率は落ちるが、1か月あるいは3週間に1通程度の頻度でメールを出し、彼が弱って寂しい時期にさしかかるのを待つ。その時期に彼の心をつかむ。その周期は半年〜1年くらいだろう。男性は、一度関係を持った女性に、ある程度の情を持っていて、自分が弱っているときに、情を持った女性に優しくされると恋に落ちる場合がある。それまでの間にあなたの魅力を上手にアピールしておく必要がある。

②きちんと付き合っていて、尽くしすぎた後に振られた

この場合は、なぜ別れたかをもっと詳しく分析する必要がある。尽くしすぎたというだけで男性が女性を振ることは少ない。確かに尽くすという行為は、男性の心のテンションを下げ、恋愛しているという感覚をマヒさせる。しかしそれで能動的に別れるということはまずない。複合して起きている原因を探すことである。それによってどう行動をとるかが変わる。

たとえば、あなたは彼に尽くすと同時に、結婚へのプレッシャーをかけすぎたのかもしれない。この場合、言葉だけでなく、行為や年齢もプレッシャーとなるだろう。たとえば、ずっと彼と同棲をしていて、あなたが30歳を越えたとしよう。そのときに彼はあなたから結婚へのプレッシャーを強く感じたかもしれない。同棲して尽くしすぎているあなたへのときめきは、すでに彼から失われている。彼の目の前には退屈で、窮屈な日常があるだけだ。そして、結婚へのプレッシャー。「結婚したら、これがずっと続くのだ」と、彼は心の底から憂鬱になる。「モラトリアムも、ここが限界だろう。今を逃すと僕は彼女と結婚しなくてはいけなくなる。彼女を好きでもない僕が結婚したら、彼女は不幸になるし、本

音を言えば僕だって自由になって本当に好きな人を見つけて結婚したい。彼女が若いうちに別れて、結婚へのチャンスをあげたほうがお互いのためだ。タイムリミットは今しかない」そして別れた。その場合のあなたは(3)の復縁方法をとる必要がある。

(6) 彼の目の前に新しい女性が現れたり彼に近づく女性がいた場合

前述したいくつかの原因に加え、彼の目の前に新しい女性が現れたり、彼に近づく女性がいたとき、「別れ」の引き金は、より早く引かれるかもしれない。とにかく今は何をしても無駄である。彼にとってあなたは新しい恋を邪魔する存在でしかないからだ。しかし、すべての恋愛関係は無常であるので、彼が新しい恋人を作ったとしても、すぐに別れるかもしれない。男性は目新しい女性に興味を持つように作られているが、目新しい女性がよいとは限らないからだ。彼は新しく付き合った女性にやがて疲れ、あなたを思い出すかもしれない。その機会を待つ。彼の誕生日や、クリスマス、バレンタインデーなどに、短いメールを送り、チャンスを待つ。あるいは数か月たった後、ふと何となくメールを送る。そのようなことが復縁のきっかけとなるかもしれない。1年以上の時間を要するかもしれないが、復縁は、常にそのくらいのスパンを念頭に置かなくてはうまくいかない場合が多い。もちろん彼の新しい恋人があなたより男心を知っていて彼にとって魅力的なら、復縁は難しい。

前述のいずれの場合も、彼の誕生日には短いお祝いのメールを書こう。誕生日は特別な日であり、その日に受け取るメールに男性は無償の愛を感じるからである。それは、クリスマス、バレンタインにも応用できるだろう。ただし、そのメールに返事が来なくてもがっかりしないこと。長い目で見て少しずつ地道に努力することが復縁には重要である。そして、自分の誕生日や共通の記念日には何も求めてはいけない。共通の記念日や、あなたの誕生日は、接触することで彼があなたのエゴを感じるだけなので、メールを送らないようにしよう。

4 復縁を成功させるための注意事項

あなたと彼だけで問題が進んでいるのではないことを知る

復縁に向け行動をしている最中、彼の周りにさまざまなことが起こるかもしれない。たとえば新しい恋人候補が彼の前に現れる、重要な仕事を任され、彼は追いつめられる、親の介護が必要になるなど、大きな問題を抱えるかもしれない。それによって、せっかくうまくいっていた作戦も、とたんに崩れ去ることもあるだろう。逆に一時的にうまく行くこともある。その兆候は、彼のメールの長さ、頻度、中身などに現れてくるだろう。それらを読みとり、それに見合った行動をとることが復縁にとって重要なカギとなる。

彼とあなたの共通の友人は、迷惑な行動をすることが多い

彼のことを共通の友人に相談してはいけない。これは親兄弟にも同じことが言える。彼らは、たいていろくなことをしないからだ。あなたのためを思ったり、彼のためを思ったり、あるいは何も考えずに、さまざまな行動をとる。基本的にそういう行動は復縁にはマイナスだ。復縁したいことが彼に伝わり、彼のテンションがより下がったり、彼が共通の友人を利用して、あなたの心を惑わすメッセージを送ったりする（悪意なくそうしてしまう場合もある）。共通の友人には、彼のことや彼とどうしたいかを一切言わないことだ。また彼のことを聞こうとしてもいけない。

5 最後に

もう一度言うが、復縁はあきらめたほうがよい。同じかそれ以上の男性が見つかる可能

性は、少なくとも復縁よりは高い。それでも復縁したいのなら、時間は半年から1年以上かかると思ったほうがよい。すぐに復縁しようとあせると、かえって可能性は下がる。もうひとつ大切なことは、彼の言動に一喜一憂しないことだ。ほかの男性も探しながら、毎日を楽しみながら、ある意味ゲーム感覚ぐらいの心持ちで復縁を考えるほうが、真剣に思い詰めるよりも結局うまくいく場合が多い。職場内恋愛などの場合は距離をとりにくいと思うが、事務的に対応し、プライベートでは一切会わないことで相手との距離をとろう。

復縁は、あなたと彼が付き合っていたとき、あなたがどれだけ彼にとって貴重な存在に成り得たかで、可能性に差が出る。あなたはほかの女性と比べ、どれほど貴重な存在だったかが問われるのである。いずれの場合でも、会っていない時期にあなたは彼にとってより魅力的になっている必要があるだろう。

コラム４　別れを交渉手段として用いる男性

あなたをより思い通りにしたい、優位な立場を維持したいという欲が強くなったとき、一部の男性は別れを交渉手段として用いる。相手を不安にさせ、自分のコントロール下に置こうとする。相手にある種の罰を与えようとして別れを切り出す場合もある。

彼は、あなたが自分を愛していて「自分と復縁したがるに違いない」と踏んで別れを切り出すのだ。最初の段階で、あなたが間違ったことをあえてあげるなら、彼の思い通りになりすぎたことだろう。

この場合、あなたが連絡を絶てば彼の連絡の頻度はただちに増えるはずだ。あなたのことを気遣っているようなメールが来るかもしれないが、それは単に彼が不安になっているだけだ。それでも無視したら、怒ったりとても感情的になったりする。ちなみに女性にも交渉手段として簡単に別れを切り出すタイプがいる。「彼が本当に自分を好きか試したかった」などというのもそのひとつだ。このような女性は本当に彼が別れを承諾すると、このタイプの男性と同様、混乱するのである。

この場合の復縁の方法だが、第9章にある「冷めてしまった彼の心を取り戻す方法」を応用すれば彼は戻ってくるだろう。しかし、この方法をそのまま使えば、彼は切れるかもしれない。へたすると悪質なストーカーのようになりかねない。「冷めてしまった彼の心を取り戻す方法」は、女性の側が主導権を握る方法なのだが、このようなプライドが高い人間、相手をコントロールしたい人間は、それを本能的に嫌う。彼は、混乱し、逆切れし、危険な状態になるかもしれない。かと思うと、時には謝ったり、下手《したて》に出たり、優しくなったりするだろう。なんていうか、気が狂っているとしか思えない状態になる。実際、彼は理性を失い、自分の感情をコントロールできない状態になっている。このようなケースの復縁はきわめて面倒だ。多くの女性は、相手の感情的な言動に身も心も疲れ果て、やがてコントロールされてしまう。そうなると、以前より悪い関係になる。そうならないように次に述べる非常に微妙な方法をとる。

基本的には「冷めてしまった彼の心を取り戻す方法」を用いる。よく読んで実行してほしい。それに次に書く方法をプラスする。まず、「冷めてしまった彼の心を取り戻す方法」と同様、相手との連絡をいっさい断つ。すると相手が先に述べたような、おかしな状態になる。1週間程度で彼は変わるだろう。自分の想定に反してあなたをコントロールできなくなったので、彼は完全に混乱する。しかし、彼が狂ってきても、しばらくは放っておく。あなたを殴るとか、殺すとか言いかねないし、あなたを傷つける多くの言葉を言うかもしれない。でも放っておく。家に来させてはいけない、道でも会わないようにする。本当に身の危険を感じたら逃げる。彼はあなたに主導権を握られるのを恐れるので「私はあなたをコントロールしようとしているのではない、ただ疲れてしまったのだ」という役を演じる。そうしないと、彼は暴れるだろう。「第7章　駆け引きのしかた(2)　―シミュレーション―」をきちんと読むことが重要だ。

もちろん連絡はきわめてひかえめにする。ほとんど無視する。彼は時に優しくなるだろう。彼のその誠実な言動のみに反応し「彼の誠実な行動で、彼を再び愛し始めた」という役を演じる。彼が怒っても無視。「オレをあやつる気か！」とか言ったら、「違う、そんなつもりは、まったくない！　心が疲れてしまったの。ごめん」と謝ったりする。あくまで自分が彼をコントロールしているのではないことを伝える。それでも連絡はひかえめにする。

彼が狂ってから、そのような状態を1週間から2週間程度続ける。彼はもとの主従関係を取り戻すため、復縁したいと思うようになるだろう。そのような言動を感じたら、最後に彼に主導権を渡し、彼と再び付き合うことを承諾する。付き合い始めたら、彼を立てる必要があるだろう。もし、彼が狂わなければ、普通に「冷めてしまった彼の心を取り戻す方法」を用いてほしい。ちなみに「冷めてしまった彼の心を取り戻す方法」を用いても、相手の反応に変化がない場合、彼はこのタイプではない。

また、男性に比べ、その女性が釣り合わないほど美しい場合に多いのだが、あなたの市場価値が高い場合、結果的に同様のことが起こりうる。彼はあなたに嫌気がさして、あなたと別れるが、別れた瞬間あなたの価値を強く感じる。非常に大切で二度と手に入らないものを失ったと感じる。誰かに奪われはしないかと強く思う。だから、別れたはずなのに、メールや連絡を頻繁にしてくる。非常に優しく、いろいろなことに気を遣ってくる。

この場合、彼は怒りに身を任せ狂ってしまうことは少ない。感情的にならず、あなたからの連絡をほとんどしない、彼からの連絡に時々答えないことにより「手に入りそうで手に入らない距離」を作る。そうすれば、彼のテンションを高く維持でき、きっかけがあれば復縁できるだろう。

第11章　幸せな恋愛ができない訳

基本的に、恋愛で幸せな時間はとても短いと考えてよい。あなたが好きな人と付き合い始めたとき、しばらくの間は幸せだろう。しかし、人の心は変化していく。その心の変化は、高い買い物をしたときと似ていると思う。あなたの家に、買ったばかりのときは嬉しかったけれど、今は何も感じない物がいくつもあるのではないだろうか？　あなたは、それがなくなったり壊れたりするまで、その存在を忘れているだろう。そして時には、それに代わる新製品がほしくなる。新製品を手に入れれば、それはもう無用のがらくたになってしまう。そういう心の動きと同じで、恋愛関係において幸せな時間は短く、ストレスや不幸を感じている時間のほうが長い。人間はそのように創られているのだ。

人間は感情にコントロールされて生きている。自分に手に入らないものがあるとき、切なさや、苦しさという感情が生まれ、その感情から逃れるために、相手を得ようと必死の努力をする。そしてそれが手に入ったとき、幸福感という報酬が与えられる。しかし幸福感があり続けると、人は何もしなくなるので、その感情はすぐ薄れるようにできている。手に入れたものに対する喜びの気持ちを忘れ、次の手に入らないものや足りないものを探すのだ。その一方、手に入れたものが維持できなくなったとき、失いそうなとき、再び切なさや不安がよみがえる。だから人は失って初めて、その大切さに気がつくのである。このような理由で、恋愛で幸せな時期は短いのだと僕は考えている。だが、このことを知っておくと、知る前よりもずっと手に入れたものに愛情を注ぐことができ、お互いをおろそかにしない、幸福な関係を作っていけるのだと思う。

次に、僕が考える「幸せな恋愛ができない女性」に共通する因果律を書いてみる。ここで言う因果律とは、その人の運命を決めているその人の性質を指す。因果律に関する、より詳しい解説は「第13章　運命は変えられるか？」に書いてあるので読んでみてほしい。

また、因果律のそれぞれの因子は、お互いに関わっているため、そのうちの1つでも克服すれば幸せは近づくと考える。

1　不幸な恋愛をする女性の8つの特徴

恋愛で不幸を感じている人の多くは、次のうちの1つあるいは複数の特徴を持っていると僕は考えている。
その1　恋愛に依存した性格を持っている。
その2　精神的に弱い。
その3　男心をわかっていない。

その4　過敏に反応したり、感情的な行動をとる。
その5　ネガティブな考えに支配されている。
その6　自分を知らない。
その7　他人の心が理解できない。
その8　弱い男と関係を持ってしまっている。

2　8つの特徴の詳細

次に前述した8つを細かく見ていく。

その1　恋愛に依存した性格である

ほとんどすべての人間は、何かに依存して生きている。そして、その依存しているものに人生を支配される。お酒に依存している人は、お酒に支配され、仕事に依存している人は、仕事に人生を支配されているのである。そして、恋愛に依存する人は、恋人のその人に対する態度やテンションなどによって、幸福の度合いが決められてしまう。不幸なことに、恋愛はお酒や仕事より、思い通りになりにくい場合が多い。相手が人間であるし、恋愛の場合は特にお互いの利害が絡み感情的になりやすいからである。他人の心はとにかく思い通りにならない。しかし、人は思い通りにならないと苦しむのである。難しいかもしれないが、幸福になるには、まず恋愛以外の楽しみを見つけることである。そして特定の相手に強い執着心を持たないことだ。

その2　精神的に弱い

この場合の精神的な強さとは、誘惑に負けないということである。誘惑に弱い。寂しさや孤独に耐えられない。他人や自分との約束を守れない。一時の快楽に身をゆだね、時として罪悪感を感じながらも社会的な倫理を破ってしまう。このように、自分をコントロールできず、本能のままに生きる人は苦しむ。どんなに上手にやりくりしても、どんなに恋愛スキルを学んでも、どんなに自分をだましても苦しむ。困難な道だが自分をどれだけ制することができるかが、どれだけ長期的な幸せを得るかにつながるだろう。精神的に弱い人は、誘惑の対象と距離を置くのがひとつのよい方法だと思う。

その3　男心をわかっていない

駆け引きが嫌いという女性は多い。恋愛はゲームでないとそれらの女性は言う。

だが、駆け引きというのは言葉が悪いだけで、それは男心を知ることと直接関係しているのである。僕は猫が好きなので猫でたとえる。猫はお風呂が嫌いである。そして、あまりかまわれるのが好きではない。もしこれらを知らずに、猫に親切心でお風呂に入れようとしたり、いつもかまったりすると猫はその人に寄りつかなくなる。猫を愛しているのに、猫に嫌われることになる。つまり、猫に好かれるには、その性質をよく知り、正しい扱い方で猫をかわいがる必要がある。そうすれば、あなたにとっても猫にとっても、心地よい関係をつくることができるはずだ。

男性も一緒だと思う。男心を知らない場合、あなたが彼にしてあげていることは、彼にとっては迷惑だったり退屈だったりする。そして、その行動が男性を離れさせたりするだろう。時には男性をダメにする場合もある。これについては何度も述べたが、ダメ男は男性のせいだけでなく、相手の女性にもその原因がある場合が多い。この本や、この本の巻末で勧める良質の恋愛指南書を読み、男心を知るべきであろう。それはゲームとして駆け引きをするためではなく、お互いを幸せにするために必要なのだと僕は思っている。

その4　過敏に反応したり、感情的な行動をとる

好きな人のひとつひとつの言動に過敏に反応し、感情的に行動する人は、相手を疲れさせるし、幼稚に感じさせる。やがて相手は離れていくだろう。また、ある種の相手にはコントロールされやすい。恋愛をうまくいかせるには、感情的なときには行動をしないこと（「第8章　良い恋愛関係を壊すもの」参照）、そしてのんびりと先を見ながら行動することだ。「今すぐ愛されたい！」「今すぐどうにかしたい！」「嫌われたかも！　今すぐフォローしないと！」ではなく、1か月後、半年後、1年後に良い関係を築けるように考えたほうがうまくいく（「第6章・第7章　駆け引きのしかた」参照）。そのためには、相手に対して怒らなければならないときや、沈黙が必要なときもあるだろうが、感情的にそうするのではなく、理性で行うのだ。

一瞬一瞬を過ごすのではなく、時間をかけてお互いの関係を育てるという姿勢が、あなたや相手を幸せに導くだろう。怒り、妬み、悲しみ、切なさに支配されたままの行動は避けるべきである。そういうときは、距離を置き、言葉から感情を消し、感情が過ぎ去るのを待つ。幸せな恋愛は、感情でするのではなく、理性でするのだと僕は信じている。

その5　ネガティブな考えに支配されている

ネガティブな考えに支配されている人には、少なくとも2つのタイプがあると思う。ひとつは「うまくいかない世界の住人タイプ」、もうひとつは「自分にダメ出しをするタイプ」である。

「うまくいかない世界の住人タイプ」の人は、他人や運命など、自分以外がその人の人生を支配しているという考えを持っている。自分は不幸の星の下に生まれているので何をしてもムダ、ただ理不尽な運命にコントロールされるだけ、という人生観をもっているのである。それらの人は不幸を楽しんでいるようにすら見える。自分が人生をコントロールしていると思わない限り、その人は恋愛においても、いつも不幸であると同時に相手も不幸にするだろう。

「自分にダメ出しをするタイプ」は自分に自信がなかったり、心に傷を負っている。または誰かに愛されたい、受け入れられたいという思いが強い場合になりやすい。他人にダメ出しされたり、受け入れてほしい相手に受け入れられないと傷つくため、無意識のうちに自分にダメ出しをして、あらかじめその痛みを軽減しようとする。そうすれば、他人に何を言われても。自分はそれほど傷つかない。「だって知っているから」というわけである。つまり人に傷つけられないための予行練習と言える。ところが、それを繰り返しているうちに、自分で自分の言葉を信じるようになり、ついには自分の心を壊してしまう。そうなると通常の人間関係を築けなくなる。他人の言葉を素直に受け取れなくなり、他人との距離を保とうとする。相手が、あなたを好きでも、否定して逃げてしまう。場合によっては攻撃してしまい、せっかくうまく築きあげた恋愛関係も自分で壊してしまう。

このような行動の原因となるネガティブな考えを軽減するには、まず人間がどういうものかを知り、自分を知ることだ。人間の性質を知る手がかりのひとつとして、「ほとんどすべての人間は自分のことしか考えていない」ということが挙げられる。それに気づいている人は少ないのだが、他人はあなたが考えている一〇〇万分の一も、あなたのことを考えていない。あなたを非難した誰かも、そのすぐ後にはあなたのことを忘れてしまう。もしずっとあなたを非難する人がいるなら、それはあなたのことを考えているのではなく、自分の利害関係に目が向いているにすぎないのだ。

このような事実をひとつ知るだけでも違う。ネガティブな考えに支配された人は、どちらのタイプも、この世の中そして自分を曲げて見ている。その世界観では、幸せにはなりにくいだろう。どちらのタイプも楽天的な友達と付き合うようにし、楽天的な心を身につけるのはよいだろう。楽天的な心は素敵な男性を引き寄せやすい。

その6　自分を知らない

自分を知らなければ、間違った自分の売り方をしてしまうため、相手を惹きつけることができないだろう。自分を知らなければ、恋愛においても同じ間違いを何度も繰り返すだろう。自分を知る方法に関しては「第6章　駆け引きのしかた―相手と自分を知ること―」で詳しく述べているので、ここでは軽く触れるだけにする。

たとえば、長続きしない恋愛を繰り返す人は、多くの場合自分を知らない。同じ間違いを何度も繰り返していることに気づいていない。周りの人は、あなたがなぜ長続きしないのかの本当の理由を知っているだろう。あなただけが知らない。人の心を深く理解している友人が何人かいれば、聞いてみるとよい。みな同じ解答をするだろう。もっとも、多くの人は、言われるとあなたが傷つくことを知っているので、何度もしつこく聞かないと、あなたの悪いところを教えてくれないかもしれない。長続きしない恋愛を繰り返す人に限らず、不幸な恋愛をしている人は自分を知ることが重要だ。自分を知ることで不幸から逃れる方法を手に入れるだろう。

その7　他人の心が理解できない

相手がどう思っているかを理解できない人は本当に苦しむ。まず、やりとりの中で、相手の心が読めない人、相手が「あなたに何を求めているのか？」「あなたにどうしてほしいのか？」ということを察知できない人は、人から距離を置かれるだろう。空気の読めない人は、人と深い関係を持つことができなくなる。またそういう人の一部は、人の言動の表面しかとらえられず、他人にいとも簡単にコントロールされる。

もうひとつ、他人の人格や考え方を理解できない人、自分と異なる考えや価値観があることを理解できない人は、不満や怒りや失望に満ちている場合が多い。いつも他人が悪く、自分は被害者である。自分が正義で、他人は間違っている。自分が理解できないすべてのものに、不満や怒りや失望を感じてしまう。だから、いつも自分の周囲を不幸と矛盾と理不尽が覆っているように思いこんでいる。実際、その人の行動の因果律がそのような環境を作り出してしまってもいるのだが。このような人は、周りの人を不幸にし、自分も不幸にする。恋愛関係も仕事での人間関係もうまくいかない場合が多いだろう。もしあなたが、いつも不満と怒りに満ちていて、周りに理解できない人が多く、理不尽なことだらけなら、あなたは知るべきだ、あなたに原因があると。

とはいえ、他人の心を知る能力を身につけるのは本当に難しい。ひとつの打開策としては、この本や、巻末で僕が勧めている『ベストパートナーになるために』『人を動かす』『箱』など、人の心、人間関係について書かれている良書を読み、理解し学ぶことだろう。

その8　弱い男と関係を持ってしまっている

あなたを苦しめる男性は、ほとんどの場合悪い人間ではない、精神的に弱い人間である。弱い人間は本当に多い。不倫をする男性、本能のまま行動する男性、人を傷つける男性、何かあると責任逃れをしたり、言い訳をする男性、惚れた弱みを利用しお金を借りる男性、ウソを平気でつく男性など。彼らは、誘惑に弱く、一瞬先のことしか考えておらず、自己弁護にたけている。あなたがこのような男性と関係を持っていたら、あなたの幸せは遠ざかるだろう。もし、あなたがその男性を変えようとしても、ほとんどすべての場合、失敗に終わるだろう。人は強い痛みがないと変わらないからだ。この本で紹介している「冷めてしまった彼の心を取り戻す方法」は、僕が現在知る限り、交際中の相手を痛みによって変える唯一の方法であるが、この方法を用いても彼が変わらないのなら、あるいは一時的に変わったけど元に戻ってしまったのなら、あなたはその人からすぐに離れるべきだ。辛いだろうが、幸せになるために残された道はそれしかないと僕は思っている。

また、精神的な弱さには、もうひとつの側面がある。僕の友人が昔教えてくれた言葉に「自分が被害者と思っている人間が一番怖い」という名言がある。被害者意識に目が曇り、すべての原因を自分以外に求める人とのコミュニケーションは非常に難しい。さらにはリスクも大きいと言える。彼らは何かがあればすぐに、あなたを責めたり、あなたにすがりついたりする。あなたを傷つけても自分が原因だとは決して認めない。あなたの健康な心はその人に害されていく。もしあなたに罪悪感や、自分を責める心を与え続ける人がいるなら、あなたはすぐにその人から離れるべきだろう。

また、ふだんはそうでもなくても、いざというときにその弱さが露呈する人もいる。自分の弱さをうまく隠している人だ。この場合、本人が自分の弱さに気づいていないことも多い。たとえば、あなたを支配する関係を維持しているときは優しく理性的なのに、関係が崩れたとたんに人格が変わる。そういう男性はその関係の維持に常に気を遣っている。あなたに気を遣っているというより、あなたとの関係性に気を遣っている。一部の女性はこれを自分に優しいのだと勘違いしてしまっている。それどころかその男性自身も自分が優しいと思い込んでいる。このような人も気をつけるべきだろう。

3 最後に

不幸な恋愛をする女性の8つの特徴を見てきた。もしあなたが、これら8つの要素を持っているからといって悲観することはない。これらを1つでも克服すれば、あなたの不幸な因果律が変わり、幸福をひきよせると僕は考える。なぜなら、冒頭に述べた通り、これら8つの要素はお互いに深く関わっているからだ。たとえば「恋愛に依存した性格」や「精神的な弱さ」を改善することで、それまであなたに近づいてきた「弱い男性」を遠ざけることができるだろう。また「自分を知る」ことで「ネガティブな考えや行動」をやめることにつながる。「恋愛に依存した性格」を直せば「過敏な反応や感情的な行動」をしないで済むようになる。

そして、これらの要素を自覚し、変えようとするだけでも、あなたは素晴らしいギフトを手に入れることができる。それは「優しさ」である。変えようとする意志を持てば、あなたが持つ弱さは強さを生み出す種となる。あなたがこれらの要素を持っている人に出会ったとき、あなたは自然に優しくできるようになっているはずだ。この優しさは表面的な優しさや、見返りを求める優しさと根本的に違う。彼らの心の構造を理解し、彼らの苦しみをわかるがために自然に生まれるものだからだ。心から彼らに同調し、同情できる。この優しさは、いろいろな意味で幸せを手に入れる因果律を作り出すだろう。

第12章

幸せになるための男性選びのコツ

ほとんどすべての人は感情や衝動にしたがって生きている。理性で相手を選ぶ人など、この世の中にほとんどいない。さらに女性はその傾向が強いと僕は感じる。ダメな男に尽くしたり、尊敬できない相手と結婚し、強い苦しみや、ぼんやりとした絶望感の中で生きる女性は多い。

そこで、まず女性がどのような男性を選ぶのかを見ていき、そのなかに見える意味や特徴をここに書いておくことにする。

1 女性はどのような男性を選ぶか

女性がどのような男性を選ぶかは、大きく分けて2つある。ひとつは「サバイバルスキル：生き残る技術（自己の維持、子孫繁栄の技術）」のある男性、もうひとつは、自分にとって心地良い時間を提供してくれる男性である。それらを何から感じとっていくかは、女性によって異なるが、おおまかに分けて次のようなケースが多い。

見た目のかっこいい男性

女性は多くの場合、見た目を重視する。それは男性のように、単純に女性を姿形の美しさだけで判断するのと少し異なり、その男性の持つ全体的な雰囲気や生き方を読みとって好きになるようだ。特に年齢を重ねれば重ねるほど、その傾向が強いように感じる。

見た目は2つの部分に分けることができる。ひとつは生まれつき持っているもの、もうひとつは、あとで身につけたものである。

生まれつき持っているものについては、自分が好きでそうなったわけではない、という視点を持つことが重要だ。彼は好きで太っているのではない。彼は好きでハゲたのではない。彼は好きでニキビ面なのではないのである。そうなると、その見た目によって本人に何が起きたのかを考えることが重要となる。たとえば、ある種の外見は劣等感を作る。その劣等感を隠すため、あるいは克服するため、彼は何をしたのかを考える。多くの男性は思春期のあたりからモテるためにいろいろとがんばる。自分の才能を磨いたり、見た目を磨いたり、相手の空気を読みとる努力をしたり、夢を追ったりする。

しかし、かっこいい男性はがんばらなくてもモテる。むしろ自分に近づいてくる多くの女性たちをどう断るかに神経を使うだろう。したがって努力によって磨かれた中身を持たないことも多い。このような男性と付き合ってみて、その軽薄さや、つまらなさに驚く女性も多いだろう。またこの手の男性は女性を大切に扱わないことも多い。女性をありがたいと感じないから当然起きる結果である。したがって、もしかっこよくて、優しく、能力のある男性にあなたが出会えたとしたら、それは過去に大きな傷を持っている可能性がある。あるいは、それなりの理由が何かあると考えたほうが自然かもしれない。

一方、服装や髪型、筋肉など、あとで身につけたものは自分が好んで身につけているものであるため、その人の価値観、世界観が含まれている。場合によっては劣等感を隠す目的もあるだろう。また女性にモテたいからかもしれない。単に女性にモテたい男性は雑誌などを読んだり、友達に聞いたりして雰囲気作りに精を出し、女性に選ばれようとする。したがって、そのような男性は女性を手に入れるのがうまい場合が多い。あらゆる努力に余念がないからだ。それが彼のスタイルといえる。

このような、生まれつきのものと後から身につけたもの、この2つが複合してその人の見た目を作っている。たとえば太っている男性がもともと体系を隠すファッションであるヒップホップの格好をしているのは、その2つの典型的なコンビネーションと言えるだろう。特に意識をしなければ、見た目は人の本能に「それがその人のすべてだ」と語りかけてくるが、それはこのような意味を持っていることは、心に留めておくべきだろう。

優しい男性

女性は多くの場合、優しい男性を好む。優しい男性は、女性に対して居心地のよさを提供するからだ。女性たちは思う、この男性と付き合えば、ずっとこんな風に大切にされると。だが、実は男性は女性に優しくすれば女性を得られることを知っている。だから興味を持った女性には本能的に優しくするのである。目的の女性を見つけるとマメにメールをし、その女性を映画に誘い、その女性のためにデートの計画を練ったり、その女性のために面白い話をたくさん話したりする。ところがこれは本当の優しさではない。あなたを得るための欲である。それでも構わないとあなたは思うかもしれないが、男性によっては、あなたを得た後にすっかり態度を変えてしまう。それは、がんばって優しさを見せる必要性を感じなくなってしまうからだ。そうなると、一部の女性は彼の元の優しさを求め、彼に尽くし始める。悪いサイクルの始まりだ。

また、あなたを得るためだけではなく、手当り次第に女性を捕まえるために誰にでも優しさを見せる男性もいる。このように、優しくするというのは女性を得るのにもっとも効率のよい方法と言えるかもしれない。つまり、多くの場合において優しさは、男性の欲の裏返しにすぎないということだ。かといって冷たい男がよいというわけではない。あなたに興味があるにもかかわらず冷たい男は、優しくしなくてもモテると確信している場合が多い。いつもは冷たいが、時に不器用で時に優しい、そういう戦術を持っているにすぎない。僕が言いたいのは本当に優しい男性など希であるということ、優しさは付き合って安定したら消えてしまうかもしれないことを知っておきなさいということだ。

能力のある男性

一部の女性は能力のある男性を好む。同じ職場で仕事のできる男性、バンドやＤＪ、テニスなどの趣味の分野を極めている男性、お金のある男性、医者や博士号などの資格を持った男性、問題を解決する能力の高い男性。それは付き合う上で、とてもよいことだと思う。だが、知っておくべきことは、能力があることと、それをあなたのために使うかどうかは別問題ということだ。彼は仕事や趣味などの能力を発揮する場所にどっぷり浸かり、あなたを顧みないこともあるだろう。能力のある男性と付き合う孤独な女性は世の中にたくさんいる。あなたがこの本にある、いくつかのスキルを身につけることで、相手がその能力をあなたのために使うようになるかもしれないが、それでも変わらない場合、彼のその能力はあなたにとってほとんど無意味であると知るべきだ。ステイタスや生活の安定のために彼を得たいなら話は別だが。

また、いったん彼の能力に惚れ込むと、彼がすべてにおいて優れていると勘違いする人が多いが、実際は、ほとんどの場合そうではない。たとえば、彼は仕事はできるが、お金にだらしないかもしれない。彼はお金はあるが、女性の心を理解する能力がないのかもしれない。彼の高い能力が、多くの女性を引き寄せ、彼の周りにいつも魅力的な女性がいれば、特定の女性に対して誠実さや優しさを持ちにくくなるだろう。その場合、その男性から愛され続けるためには、多くの苦労を強いられることになるだろう。

さらに、能力があるように見せているが、実は何の能力もない男性もたくさんいる。多くの男性は女性が男性の能力に惹かれることを知っているため、特に女性の前になると彼らは自分の能力をアピールしたがる。たとえば、仕事ができるかどうかなんて一緒に働いているのでない限り、見極めるのは難しいかもしれない。「能力のある男性」をこのような視点で一度見直してみるのは悪くないだろう。実は、ほとんどすべての場合、あなたが「能力のある男性」と見ている男性は、ただの普通のどこにでもいる男にすぎない。

夢のある男性

夢を持つ男性を好きになる女性は多い。そして女性に夢を語る男性は多い。しかし夢ほど当てにならず、厄介なものはないと僕は考えている。まず夢は2つの側面を持っている。ひとつは具体性のある人生の目的としての夢、もうひとつは今の自分のありようを認めたくない人が語る言い訳としての夢。この2つは同時に存在しているのだが、相手の行動を冷静に見れば、よりどちらに傾いているかがわかる。たとえば、「社長になるのが夢」と言っている男性がいたとする。彼は、そのための努力を具体的にしているだろうか？　今の自分の情けない立場を自分でも認めたがらず、「社長になる」などと夢を語ることでごまかしている男性はとても多い。しかもそれがごまかしであることにすら気がついていない。フリーターで何もしていないのに夢を語る男性はその典型だが、定職についている男性の中にもたくさんいる。かつては堅実で具体性のある夢だったのに、徐々に自分をごまかす言い訳に変わっていく人も多いだろう。念のために言っておくが、戦略のない形だけの努力は努力ではない。それは自分を上手にごまかすだけの言い訳でしかない。一部の女性はそれが見えずに「夢がある男って好き」と思ったりする。今の自分を認められない言い訳だけの夢なら、夢を持たず現実を生きる人のほうがよっぽどサバイバルスキルを持っていると言えるだろう。彼の行動を冷静に見なさい。そうすれば彼の夢が本当かどうかがわかる。

一方、本当に夢を実現化しようとする男性にとって夢は存在理由だ。それを失ったら、生きている意味を失うこととなり、とても苦しい。それが恋人であろうが誰であろうが、邪魔をされるとその相手を切ることだってあるので、そのような男性の夢の取り扱いには注意しなければならない。また、本当に夢に向かう男性は、あなたに割く時間がないことが多いので、もし彼と結婚したら、あなたは孤独な人生を送るかもしれない。この場合、彼があなたをどれだけ大切に思っているのかが重要となるだろう。彼が今あなたに時間を割いていないのなら、今後も割かない可能性が高いと言える。彼がもし一人で夢を求めるタイプで、あなたが孤独に耐えられないのなら、この本や恋愛指南書を読み、彼を変える方法を研究して実行してみることだ。それでも彼が変わらないのなら、あなたは別の男性を選ぶか孤独な人生を選ぶかのどちらかの選択に迫られるだろう。また、あなたが彼の夢を理解できないのなら、彼はやがてあなたか夢かのどちらかを選択するだろう。

そして、このような男性は生活も精神状態も不安定な場合が多い。突然完全に孤独になろうとしたり、約束していた結婚を取り消してしまったりする。それをあなたは支えることができるだろうか？　夢のない安定した男性のほうが、経済的にも精神的にも楽ではないか？

また、二人で同じ夢を追うというパターンもある。彼が夢を現実にする能力があり、あなたと二人でその夢を追う場合、二人の関係はうまくいくだろう。ただし、ひとつ注意をすることがある。それは多くの場合、彼が夢を追うその分野でのあなたの無能さを知っておかなくてはならないということだ。能力のある男性の奥さんがその男性の仕事に中途半端に関わり、周りを不幸にするパターンのなんと多いことか。たとえば、旦那さんが能力のない自分の奥さんを重要なポストにおき、えこひいきをすることで、周りを苦しめ、歪んだ人間関係をつくるケースは非常に多い。それは最終的に二人を不幸にするだろう。

また、夢は数年の時間の中で形を変えることもよくある。本当の夢が時間とともに言い訳の夢になったり、夢を持たない男性が突然夢に向かって歩き出したり。挫折を味わい、それまでの考え方が大きく変わったり、家族を持つことでそれまで持っていた夢を捨ててしまったり、と。夢を持つ男性はサバイバルスキルがあるとあなたは無意識に感じるかもしれない。しかしこのように夢はつかみようがなく、二人の関係を複雑にする可能性があることを気に留めてもよいかもしれない。

誠実な男性

恋愛の傷に疲れた多くの女性は、「誠実な男性」を求める。この誠実な男性にも少なくとも3つのタイプがあると僕は考えている。

・恋人を縛っておくのに必死になっている男性
・非常にモラル意識の高い、浮気ぐせのない男性
・過去に恋愛で相手を傷つけ自分も深く傷ついた男性

最初のタイプは、20代前半以前や恋愛経験の少ない人、ぜんぜんモテない人、魅力のな

い人に多い。彼にとってあなたはとても魅力的で、あなたが離れていきやしないかと、いつも不安がっている。このタイプの男性は束縛が強く、相手が自分の思い通りにならないと苦痛を感じる。あなたを心配するメールにも、返事が来ないと怒りだしたりする。自分勝手で「オレがここまで愛しているのに、どうしておまえはオレを愛せないんだ？」というタイプだ。

2番目のタイプは、相手にも同様の高いモラルを求めてくる場合がほとんどだ。モラルに対する価値観が同じならよいが、時に女性は非常に窮屈に感じ、逃げ出したくなることもあるだろう。

最後のタイプは、あなたにとってとても居心地が良いものとなるだろう。だが、居心地が良いがゆえに、相手を気遣うことを忘れてしまうと彼は疲れ果て、ついには別れを言い出すかもしれない。その点では用心が必要だ。

注意すべきことは、いろいろな刺激がないと前述のどのタイプかが見えてこない可能性があるということだ。二人がうまくいっている間は気づかないかもしれない。

ここであなたが知っておくべきことは「誠実さ」が、この章の最初に述べたサバイバルスキルとは関係がないということである。そして、あなたは誠実な男性に対し、冷静になりやすいということだ。あなたは彼にこれまでに述べたようなサバイバルスキルがあるかどうかを冷静な目で判断し始める。彼にあなたが望むサバイバルスキルがないと感じたとき、あなたは目の前にいる相手に興味を失ってしまうかもしれない。男性としての魅力を感じなくなると、とたんに女性はその男性を好きでなくなってしまうことが多い。気持ち悪いと感じることすらある。これが恋愛なら別れればよいのだが、結婚したあとだと苦労するだろう。

これまでのことをまとめると、女性は次のような基準で男性を選ぶのだと僕は考えている。ほかにも人によりさまざまな側面から女性は男性を選ぶのだが、共通して言えることは、

・女性は相手がサバイバルスキルを持つと感じたとき、その男性を好きになる。
・自分に居心地の良い環境を作ってくれる男性を好きになる。
・自分を必要としてくれる男性を好きになる

ということだろう。この3つはそれぞれが独立に存在していて、女性は恋愛を続ける限り、時に傷つきながらそれらの選択肢の間をさまよう。ちなみに居心地の良い環境を作る男性のなかには「価値観の合う男性」「素直に等身大の自分でいられる男性」などが入っていて、それらも女性が男性を選ぶときの大きな基準になっていると思われる。

2 心の傷が次の恋愛相手を限定する

次に、女性が男性を選ぶとき、心の傷が次の恋愛相手を限定する場合があるということについて述べる。人は傷つくのをとても恐れる。辛い思いは二度としたくないからだ。ところが、この強い感情が人をまた別の傷に導く場合がある。

一部の女性は、本当に傷つくまで同じタイプの男性を求め続け、とことん傷つき嫌気がさしたときに、今度は極端に逆の相手を探すようになることがある。前の相手がまったく働かないヒモのような存在で、それに嫌気がさして別れたのなら、女性は次に極端に堅実な男性を探す。前の男性が暴力を振るって嫌気がさしたのなら、次は極端に優しい男性を求める。とにかく、傷ついたことのある女性は思い出してみてほしい。今、無意識に探している男性は、これまであなたを傷つけた男性と逆のタイプではないだろうか？　たとえば、前の相手が浮気性でそれに傷ついた女性が、次にとても正直で一途な男性を選んだ場合、彼はそのことではあなたを傷つけないだろう。しかし、時には、正直で一途であること以外はまったく自分の好きなタイプではない場合でも、それに目をつぶってしまう。目をつぶるというより、その時あなたは浮気性かそうでないか、という基準でしか相手を見ていないのだ。その男性があなたにとても優しく、積極的に迫ってきたら、あなたはそこで手を打ってしまう。そしてやがて気がつく、自分はその男性をぜんぜん愛せないことに。そしてお互いに傷つき、別れる。今度はどうするか、また以前に失敗した浮気性の相手を探す。このような悪循環を繰り返す女性は案外多い。

また、次のようなことも起こる。いろいろな恋愛で傷ついた女性の一部は、恋人に求める条件が極端に高くなり、相手が見つからなくなる。同時に失敗への恐れも強くなる。恋愛なんてしないほうが楽と思う人も現れるだろう。

人間というのは、とにかく痛みを嫌うようにできているようだ。たとえば、これまで「能力のある男性」や「夢のある男性」を好きだった女性が、その男性に相手にされず、その痛みから、自分をケアしてくれる「優しい男性」や「誠実な男性」を求めたりする。逆に、「優しい男性」や「誠実な男性」の生活力のなさに失望し疲れた女性が、次に「能力のある男性」や「夢のある男性」を選ぶこともあるのだ。

ここで、あなたがもし自分の選択で困っているなら、まずあなたが考えるべきことは、「相手の欠点は相手だけに問題があったのか？」ということだ。たとえば、尽くしすぎる女性はダメな男性を作る。あなたがダメだと思っていた男性が別の女性の前ではがんばったりすることもある。また、男性を尊敬しない女性は、その男性のやる気を失わせ、より能力のない男性を作ることもある。ところが、同じ男性が別の女性の前では、できる男になったりすることもある。

あなたが見ている相手の性格は、その人だけで作られているのではなく、必ずあなたが関わっている。あなたと恋人の相互関係が、お互いの人格に強く影響を与えるのである。あなたが付き合う相手が、いつも同じ問題を持つなら、あなたの選び方に問題があるかもしれないし、あなたの男性への接し方、付き合い方に問題があるのかもしれない。まずはそれを考えてみることだ。考えてわからないなら、恋愛指南書を読んだり、専門家に聞く必要があるかもしれない（実は友達などに相談しても何の役にも立たない場合が多い）。とにかく、うまくいかない原因を知らないと、あなたはずっと同じ苦しみの中にいることになるだろう。

そして次に、バランスのとれた、自分が本当に求める男性を探すことを考えよう。自分が本当に尊敬できる男性、自分が求める男性をもう一度考えてみてほしい。それはあなたがこれまで選んだ男性と関係があるだろうし、心の傷とも関係があるかもしれない。自分の選択のパターンを冷静に見直さないと、前の傷が、次の傷を作ることになるかもしれない。そして、それが運命を狂わせることにもなりかねない。これまで僕は、大失恋をした後に、優しいがまったく尊敬できない男性と結婚してしまう女性を何人も見た。それらの女性は、結婚してから自分が相手をまったく尊敬できないことに気づいてしまう。そうなると、子どもができたときに、母親は子どもだけに愛情を注ぐ。これは子どもに依存することに近い。このことはお互いにとっての不幸を生むだろう。最終的に息苦しさを感じた子どもからも愛されなくなれば、母親はすべてを失うことになる。そして、子どもができなければ、離婚するか冷え切った夫婦関係のまま老後を迎えることになるかもしれない。

選択のパターンは、因果律となり、その人の運命を決めてしまう。したがって、このように自分の心の動きを知っておくことは意味のあることだと僕は思う。多くの女性は流れの中にいて、自分が見えていない。苦しいだけでどう逃れたらよいかわからない。どう行動するかは別として、自分の心の動きを知っていることが、恋愛で失敗しないひとつの秘訣だと僕は考えている。詳しくは、「第13章　運命は変えられるか?」で述べてあるので読むことを勧める。

3　どんな男性を選ぶべきか

結論から言えば、「どんな男性を選ぶべきか」という問いに関して、僕が思うのは次の

2つである。

恋愛で痛みを味わい、そこから学んだ男性を選ぶとよい

共通して言えることは「恋愛で痛みを味わい、そこから学んだ男性を選ぶとよい」ということだろう。経験の少ない男性と付き合うと苦しむ場合が多い。それは彼が悪い人間である、ということではなく、経験が少ないがゆえに、どうしたらよいかがわからないのだ。多くの人は過去の痛みから学び、次の恋愛のときに優しく寛大になれる。すでに痛みを経験した男性を選べば、あなたはあまり痛みを感じずにすむだろう。

ただ、女性経験が多い男性の中にも、一人の女性と長い付き合いのできない男性はいる。そのような男性は相手を苦しめる何かを持っている可能性がある。気をつけたほうがよいだろう。彼らの過去の恋愛遍歴を知ると、彼の女性に対する考え方を垣間見られるかもしれない。ただし、男は恋愛遍歴に関して時々ウソをつくので、注意が必要だ。周りの人などからうまく聞き出すことも重要だ。

人は簡単には変わらないということを知ろう

人間にはどうしても変えられないもの、変えにくいものがある。ある男性は一生を通じ

て、お金にだらしないだろう。ある男性は、禁煙ができないだろうし、ギャンブルをやめられない。ある男性は、とても神経質。ある男性は、浮気性である。そしてある男性は、不潔であったりする。あなたは男性のそれらの性質を変えることはできないと思ったほうがよい。付き合ってラブラブの時期には、彼らは気をつけるかもしれないが、その多くはやがて元に戻る。もちろん変えられる場合もあるが、多くの場合、無理にあなたが彼を変えようとすると、やがて彼はあなたとの別れを考えるようになるだろう。つまり相手があなたにとって許せない性格を持っているのなら、最初からそれらの男性を選ばないほうが痛みは少ない。

相手があなたを落とそうと口説いているとき、その相手の本質は見えにくい。彼はとても優しく、何でもしてくれ、たくさん楽しい会話をし、言うことを聞いてくれる。ほかの女性の影が見えても、そのことを聞くと誤解だと言い、あなたのことしか考えられないと言う。女を口説きアプローチをしている男は、もう俳優であるとしか言いようがない。彼の本質は、付き合い始めてしばらくしてから現れるはずだ。

では付き合う前に、あなたは彼の本質を見抜けるだろうか？　実は見抜ける。あなたは無意識のうちに目をつぶって見えないふりをしているのである。本当のあなたは感じているし、わかっているのだ。周りの人たちの噂や評価をあなたは聞いている。彼の言葉と行動の違いを感じている。彼の部屋にある「証拠品」を見つけている。それらの情報から彼の本質を読み解き、その彼を受け入れられるかを考えてみよう。

コラム５　男性選びで陥りがちなワナ

あなたを必要とする男性

私がいないとその男性はダメになる、あるいは相手を真人間にするのに自分が必要だとあなたが感じるとき、あなたは相手に必要とされることで自分の存在価値を見いだすタイプの人かもしれない。このようなタイプの人は自分が誰か特定の人の役に立つことで、自分の居場所や存在理由を見いだそうとしていることが多い。しかし、自分の存在理由を他者に求める人は苦しむ。彼があなたの存在理由となったとき、彼があなたの幸福の度合いを決めてしまうだろう。彼が機嫌のいいときやあなたを愛しているときは、あなたも幸せだが、彼の機嫌が悪いときやあなたに興味を失っているとき、あなたは苦しくなる。

そして、このように相手に依存する女性は、自分が不幸になるだけでなく、ほとんどの場合、相手をダメにする。ダメな彼を助けるために身を捧げれば、彼はますますダメになると同時に、あなたへの恋愛感情をどんどん失っていく。あなたは愛されなくなると存在理由がなくなり、苦しくなるので、より尽くすようになる。このように、女性が恋人を全身全霊で助けているにもかかわらず、その恋人がほかの恋愛対象を探すというケースはよく見かける。

また恋人を育てて一人前にすることに意味を見いだす女性もいる。この場合、彼が成長しているときはあなたも幸せだが、あなたの望む彼ではないとき、あなたは苦しくなる。また、やり方を間違えると、あなたの言うことを彼はダメ出しととらえてしまうため、その男性を去らせることになるだろう。

このように、あなたが「相手に必要とされることで自分の存在意義を感じる」のなら、長期にわたる幸福な恋愛関係を維持するのは難しいだろう。

さえない男性

一部の傷つきたくない女性はさえない男性を選びたがる。それでいて熱く恋愛することがない。相手の気持ちを手に入れて大切にされることで、ある程度の心地良さを感じているものの、相手を深く愛さず、退屈な日常を送っている。傷つくことがないという代償に恋愛を捨てているようにすら見える。

また一部の傷つきたくない女性のなかには自分を差しおき、理想が異常なまでに高い人がいる。身の回りにそういう男性がいないので、恋ができないと言い訳をしている。これらの女性は傷つきたくない本能が強く、この本能が恋愛対象を決める。しかし、自分の心は、そのごまかしに気がついているので、不安感やストレスがいつもぼんやりとつきまとう。このタイプの女性が深い恋愛を経験するのは難しいかもしれない。

第13章　運命は変えられるか？

運命に関して僕が思うことを書く。ここでは特に恋愛に特化して語る。

1 運命とは何か

ある女性は恋人に恋愛関係を完全に支配されていた。彼が怒ると彼女は自分を責めた。彼は自分が女友達と遊んでいるにもかかわらず、その女性が男友達と遊ぶと極度に怒る。しかし彼女は彼に愛されたいために、その条件をのんだ。彼は「この女はオレがいないとダメなんだ」と感じ、「付き合ってあげている」というテンションだった。その女性の精神状態は鬱となり、毎日泣いていた。僕は彼女の相談に乗り、数か月の間助言をし続け、彼女は僕の言うとおりに行動した。彼からのメールはすべて僕に転送され、僕の書いた内容とタイミングで彼に返された。そして彼の心は戻り、二人は対等に付き合い、相思相愛になった。しかしまた数か月たつと、彼女は以前のように彼に支配される状態になってしまった、そしてふたたび彼女は鬱になり、毎日泣いているような状態に戻っていた。

また別の女性は、愛されるために彼に尽くした。彼は彼女に興味を持たず、ほかの女性たちと浮気をしていた。彼女は毎日泣き、僕に相談してきた。僕は彼女の相談にのり、彼が彼女のことしか見えなくなるくらいまで夢中にさせた。ところが彼女は、自分に対してテンションが高くなった彼に興ざめし、その男を振り、別の男性と付き合った。しかし数か月たつと彼女は、新しい彼に愛されるように必死に行動した。彼女は自分が以前とはまったく違う行動をしていると思いこんでいたのだが、実は彼に愛されるために自分を変え、彼に依存しているという点では同じだった。そして、ふたたび鬱になっていった。驚くべきことは彼女の母親も同じ性質を持っていたということだ。つまり彼女たちはそういう運命なのである。さて、その運命とはなんだろうか。

・ある女性は、いつもダメ男ばかりを選ぶ。
・ある女性は、変な男にばかり惚れられる。
・ある女性は、最初はうまくいくのに、付き合うとすぐに飽きられる。
・ある女性は、飽きられなくなった代わりに、自分を偽り恋愛を楽しめなくなる。
・ある女性は、結婚適齢期を過ぎ、ダメ男を選ばなくなった代わりに、誠実だがつまらない男性と結婚し、やがて後悔する。

このような運命を決めている大きな要因の1つを僕は「因果律」と呼んでいる（仏教で言う因果とは関係がない）。それぞれの女性がそれぞれの因果律をいくつも持っていて、それがその人の運命を決める重要なカギとなっている。

たとえば、見た目の美しさが作る因果律を例にとる。美しい女性は、多くの男性を無差別に惹き寄せる。多くの男性を苦労なく手に入れられる代わりに、セクハラを受けたり、ほかの女性の嫉妬を受けたりするかもしれない。努力しなくてもモテるので、人間的につまらなくなったり、空気が読めない人になる原因ともなりうる。また、彼女の外見にだけ惹かれる男性もいるため、彼女は彼らに物として扱われるようなこともあるかもしれない。そうすると彼女は男性と付き合うたびに、相手の愛情を確かめるようなことをしたりする。その行為は時として「嫌なやつ」という印象を周囲に与えるだろう。やがて彼女は、歳をとってくると、今までと勝手が違うことに気がつく。美しさを失う不安が彼女を襲い、愛されなくなる不安が彼女を襲う。1つの因果律の要素がここまでの運命を引き寄せる。実際は1つだけでなく、いくつもの因果律が複雑に絡み合って、その人の運命を作りだしていく。

僕たち一人ひとりの運命の大部分を決めているのは、このような因果律であると僕は考えている。因果律は、たとえば、お金、両親の影響、性格、見た目、兄弟構成、知性、EQ、道徳心、常識、健康、運動能力など、個人の持つあらゆる要素から成り立っている。この因果律が、その人の運命を決める重要なカギとなるその人の行動や思考のパターンを決める。そして同時に他人がその因果律を持つ人にどのように関わるかも決めるのである。

因果律の形成において、もっとも運命を変える力を持っている要素の1つが行動、行動によって生まれる性格、性格によって作られる人格と言えるだろう。冒頭に書いた女性たちは、自分たちの人格によって、運命を引き寄せていると僕は考えている。恋人に支配された関係を作る女性は、僕が外から一時的にその関係を壊しても、放っておくと、彼女の因果律により元の状態に戻してしまう。ダメな男とばかり付き合うのは、ダメな男を選ぶ因果律、あるいは男性に対するある行動がダメな男を作っているとも言える。そして、男性にすぐに飽きられる女性は、そういう因果律を持っている。

しかし逆に考えると、一時的にでも僕の言うとおりに動き、対等で相思相愛な関係を築くことができたということは、彼女の因果律を作っている行動を変えれば、運命は変わるということだ。つまり因果律を形作る要素を操作することにより、運命は変えられるということになる。したがって重要なことは、まず自分の持つ因果律の中身を知ることである。自分を知ることが運命を予測し、そして運命を変えるきっかけとなるだろう。

ただし、ほとんどの人は自分の持つ因果律に気づかない。原因を外に求めている限り、その人は自分の因果律の作り出す運命に翻弄されるだろう。そして、往々にして人は原因を外に求めるように作られているし、うすうす気がついている人でも、それがどれだけ自分の人生を決めているのかが、わかっていない。せいぜい「自分には悪いところがある」

くらいにしか考えていないのである。自分の因果律が、友達を集め、特定の恋人を引き寄せ、今の職場を決め、心の安定性まで支配してるのにだ。さらに、それらすべてに気がついている人でも、それを変えていくことは難しい。では、その因果律はどのようにしたらわかるのだろうか?。

2　因果律を知るヒント――人間の選択について――

意思決定は意思ではなく感情がしている

人間の選択とは面白い。たとえば、あなたが今誰かに恋をしているのなら、あるいはあなたが今とても傷ついているのなら、「第12章　幸せになるための男性選びのコツ」を読んだところで、ほとんど意味がないだろう。頭でわかっていても、感情がほかの選択肢を消してしまうからだ。

たとえばルックスを重視する女性は、よっぽど痛い思いをしない限り、不細工な男性を好きになるなんて不可能だ。人によっては不細工な男を見て、気持ち悪い!　とすら感じるだろう。まして性の対象になることなどありえない。だからあなたは思い知る、人生の選択は理性がしているのではなく、感情がしているのだと。因果律はこのようにしてある。したがって、運命を変える鍵が自分の中にあるにもかかわらず、ほとんどの人は運命を変えることができない。

人間は成長の過程で自分の選択のスタイルや思考を徐々に持ち、固めてしまう。あなたの選択のスタイルは、これまでの経験や世界観が作りだしたサバイバルスキルそのものである。生き物の根本としてある「サバイバルスキル」と直結しているから、ここまで強く感情で縛られているのだ。そういうわけで重要な選択は常に感情が行っている。重要な選択になればなるほど、感情があなたを支配する。好き、嫌い、気持ち悪い、かっこいい、惹かれる、逃げ出したい、うっとうしい、合わない、間違っている、良い、悪い……など。

選択も選択のスタイルも重要になればなるほど変わることがない。「私は物事を感情ではなく論理で決めている」と信じている人は「論理的に決める」という選択のスタイルを持っているにすぎない。また何を選択するかには目的が必要であり、何を目的にするかがなければ論理はなりたたない。その最終的な目的の決定に論理は存在しない。だから論理的な選択をしたと信じていても不幸の中にいる人は世の中にはたくさんいる。というわけで、人にはまず根本的な欲望がある。これは人間すべてに共通している。それが感情を沸き立たせる。そして、その感情の意味を解釈し、満たすための選択のスタイルを意識的にあるいは無意識的に持っている。これは個人がもつサバイバルスキルに依存する。この2つが合わさって人生の選択を決めているということになる。そうやって進化の中、人類は生き残ってきたのだろう。

この選択のスタイルは、先ほど述べた通り絶対と言っていいほど変えられない。だが、やっかいなことに、選択のスタイルは、時々間違いをやらかす。この場合の間違いとは、その選択であなたがいつも不幸になるということだ。この間違いは、知恵により少しだけ阻止できるかもしれないと僕は考えている。たとえば知恵は、食事のバランスを考えて食べないと、体を壊すということを知っている。この知恵により、特別好きじゃない食材もバランスをとるために食べるときがある。やがて、その食材を好きになることもあるかもしれない。つまりここでは、その知恵で身も心も幸せになるという結果がもたらされるのだ。

人生の選択における知恵とは、まず自分自身の選択のスタイルを徹底的に深く知り、なぜ自分がこの選択のスタイルを持っているかを知ることである。つまり、自分自身の因果律の仕組みを知っていくということである。この知恵があれば、選択を誤ったと感じたとき、そこから執着なく素直に逃げるための手助けになるかもしれない。

選択のスタイルが変わるとき

選択のスタイルは絶対と言っていいほど変えられないのだが、唯一がらりと変えるきっかけとなるのが極度の痛みと、それに続く出会いである。なぜならば生物学的に見れば痛みとは「おまえのこれまでの生き方だと生き残れない、選択のスタイルを変えなさい！」という強烈な信号だからだ。そこに新しい選択の対象や新しいスタイルが飛び込んだ場合、それにすがりつくことになる。この変化は生き物として自然である。また、選択のスタイルを変えるキッカケとなる出会いの対象は、人とは限らない。たとえば、恋愛で男性に尽くし、ひどい目に遭ったときに巻末でも紹介している『ルールズ』という本に出会い、目から鱗が落ちる。それを読んだ女性は運命を感じ、ルールズにしたがって生き方、選択のスタイルを変える。ところが『ルールズ』という本は男性のある限られた一面を描き出しているにすぎないため、人によってはこの本のスタイルを盲目的に取り入れることで別の痛みに襲われる場合がある。

したがって、幸せになりたいのなら、痛みの中にいるときに、何を選択し、どう消化して身につけていくかを自分自身に問わなければならない。そこを間違えると別の苦しみに襲われることになる。痛みの中、苦しみの中にいるとき、あなたが新しいスタイルとの出会いを求めれば、多くの人や書物が自分の信じるスタイルを提案したり押しつけてきたりするだろう。彼らは本気で提案しているし、それらが正しいと信じている。しかし、その提案者はあなたではない。あなたと彼らは価値観も、何を幸せに感じるかも、経験も何もかもが違うのだ。多くの人は、ほかの人も自分と同じ世界観を持っていると信じている。それどころか、自分と違う世界観が存在することすらも知らない。本質を見抜かずに安易な答えを求め、それらの提案を鵜呑みにしていくことは危険だろう。

あなたが幸せを得たいのなら「あなたにとって何が幸せなのか？」を知ることこそが重要となる。自分を知り、自分の世界観を知り、自分の選択のスタイルを知り、それがどのような経緯でできたのかを知ることだ。そうすることで、あなた自身の大きな選択の方向性が決まることになる。そのときでさえ、あるものを選び、あるものを捨てるには勇気がいるだろう。しかし、必要のないものは捨てる必要がある。そうしないと両方を失うことになりかねない。選択しないことも選択の１つなのだ。

あなたが痛みの中にいたら、まず自分を知りなさい。自分の選択のスタイル、思考のスタイルを知りなさい。そのうえで、何に出会うかが問われていることを知りなさい。世の中で「幸せな人」や「成功者」はかならず、自分のスタイルに合った完成度の高い人物やアイデアと出会っているはずだ。それはその人の幸せと直結する出会いであろう。要は、あなたは自分を知り、その自分に合った良い出会いをすることである。そうすることで当面は幸せになれるはずだ。

第14章　縁について語る

縁というのは仏教でよく使われる言葉だが、ここでは「人と人を結ぶ、人力を超えた不思議な力（三省堂『デイリーコンサイス国語辞典』）」を指すことにする。よく女性が神社や寺で「縁結び」のお守りを買っているが、そんなお守りよりも、ずっと効果があると僕が信じていることをここで話そうと思う。

ほかの章で僕が書いてきたように行動したとしても、好きな人を手に入れるのは難しいだろう。そして恋人とずっと良い関係でいることも、簡単ではないはずだ。それらは「縁」が決めているのだと僕は信じている。しかし、僕たちは自分自身が持つ因果律を変えることにより、ある程度は、縁をコントロールできる。その一部を僕はこれまでの章で語ってきた（因果律に関しては「第13章　運命は変えられるか？」を参照）。しかし縁を完全にコントロールすることは不可能である。縁がないのに、相手にしがみつこうとすると苦しむのだと僕は考えている。ただ、「縁」の性質を知ることで苦しみが減り、さらに因果律を変えることができるようになる。それにより、ある程度「縁」をコントロールできるようになるだろう。なお以降の文章は、ほかの章を読んでいることを前提に書く。この話題はこれまで僕が述べてきたことを身につけて初めて意味を持つものだからだ。もしそれらを読まずにこれを読み実践したのなら、あなたはより悲しい結果を得るかもしれない。男性を知り、自分を知り、縁を知るという順番が正しいと僕は考えている。

1　4つの諦め

・すべてが手に入るわけではない。
・出会った人は必ず別れる。
・すべては一時的で次々と変わっていく。
・手に入れたもので満足するものはない。

この4つの諦めを知るだけでも苦しみから逃れ、縁を良い方向に変えることができると僕は考えている。次に詳しく述べる。

すべてが手に入るわけではない

これを知ることにより恋愛の戦略が変わる。まず、あなたは欲しい男性を必ず得られるわけではない。いくら努力しても手に入らない男性がいることを知るべきだろう。彼が望む程度の魅力をあなたが持っていないのなら、彼を手に入れられる可能性は極めて低い。あなたが本気で好きになった男性が妻子持ちなら、それも諦めるべきだろう。その男性はほとんどすべての場合、あなたに苦しみしか与えない。また、一人の男性に強く執着すると、とにかく苦しむ。相手に心を読まれてコントロールされたり、切なく苦しい思いをしながら、彼を得るために長い年月をムダに使うことにもなりかねない。

ではどうするか。ひとつの提案として、あなたは複数の候補を常に持っているとよいだろう。その中であなたを好きになる人を選べばよい。そうするだけで、ずいぶん楽になる。あるいは、あなたにとって意中の男性を手に入れられなければ、すぐにほかの男性に切り替えるべきだ。切り替えるといっても一人を完全にあきらめずにキープし、ほかの男性を探すことに力を注げばよい。そうすれば、またチャンスが巡ってくるかもしれないし、一人の男性に対する執着を減らすことにより、その男性を手に入れられる可能性も高くなる。恋愛回路が小さくなるからだ。結果的に、あなたは一番好きな男性を含め、周りのすべての男性を得やすくなるだろう。

信じられないかもしれないが、あなたにとっての運命の人など実は存在しない。「運命の人」はある特定の事象が起きたときに人が勝手に感じる幻想であり、「あなたが執着している人」という意味にすぎないのだ。人生は短い。不可能な選択肢にエネルギーを使って、いたずらに時間だけを費やすことはない。

相手が手に入る男性か、手に入らない男性かは、「第4章　男が本当に考えていることを知る方法」「第6章・第7章　駆け引きのしかた」など、ほかの章で僕が書いた文章を読めばわかるだろう。また巻末に勧める良い恋愛指南書などを読むことで、さらに深く理解できるようになる。自分の因果律を変え、恋愛のスキルを上げることで手に入る男性が増え、相手が手に入るか入らないかの判断も正確になる。「すべてが手に入るわけではない」という考えは、その方法と同時に成り立っている。それを知ることで、あなたに本当に合う男性に巡り会うチャンスが増えるのだ。

出会った人は必ず別れる

今あなたに恋人がいるなら、「出会った人は必ず別れる」という事実を知っておくべきだ。運良く結婚できたとしても、やがては別れる。それは離婚という形かもしれないし、死別という形かもしれない。だから、まず自分を大切にする。何がどうあっても自分とは一生付き合うからだ。同時にいつ離れるかわからない相手を大切にする。相手がどうしても自分と合わなくなったら潔く別れる。相手に振られても、この事実を知っていれば、受け入れやすくなるし、執着を減らすことにより、結果的に相手のことを大事にできるはずだ。もし「出会った人は必ず別れる」という事実を受け入れられずに執着すると、恋愛関係を破壊に導くような行動をしやすくなる。彼に執着し何度も電話やメールをしたり、「私のどこを変えたらいいの？」と彼にすがったり、「別れても友達でいてくれるよね」と無理に彼との関係を続けようとしたりする。これらは別れを認められない女性の典型的な行動だ。そのように執着する行動をとることにより、あなたは別れへのスピードを加速してしまうだろう。

我々は出会っている瞬間瞬間を大切にするしかない。目の前にいる恋人は、やがて自分に愛想をつかし別れるかもしれないし、あるいは新しい相手を見つけ突然去っていくかもしれない。病気や事故で死んでしまうかもしれない。家庭の事情で一緒になれなくなるかもしれない。不思議なことに、「出会った人は必ず別れる」ことを知っていると、二人の関係は長く続く。お互いの一瞬一瞬を大切にできるし、自分を大切にできる。彼が距離をとりたいといったときも受け入れられる。そして、二人がうまくいっているときにとった、あなたが彼を大切にするという行動が、彼を再び惹き寄せるかもしれない。つまり「出会った人は必ず別れる」ことを知ることで良縁を得るのである。

すべては一時的で次々と変わっていく

お互いの関係はどんどんその形を変えることを知る。片思いの相手に関して言えば、今は想いの伝わらない彼も、やがて手に入るようになるかもしれない。あなたの良さを突然彼が理解するかもしれない。彼は今は仲良く付き合っている彼女と別れるかもしれない。彼は体調が悪くなったり突然仕事がうまくいかなくなったりし、支えてくれるパートナーを必要とするかもしれない。とにかく、彼との関係を上手にキープすることにより、良いタイミングで彼を手に入れる可能性を得られる。それを知らない女性は、今彼が手に入らないとわかった瞬間、けじめをつけるための行動をとる。「私のことを好きかどうかはっきりしてください」と聞き、「ごめん、友達としてしか見られない」という、わかり切った彼の回答をわざわざ確認し、自分を傷つけてしまう。けじめは自分の心の中だけでつければよいのに、そうできない。この場合、僕の勧める方法は、けじめは心の中だけでつけ、ほかの人を探し、彼は薄くキープすることだ。半年程度時間がたてば状況がまったく変わっていることは、しょっちゅうある。ベストのタイミングで彼の心をつかめばよい。

すでに恋人のいる女性も「すべては一時的で次々と変わっていく」ことを知るべきだろう。ずっと同じ関係が続くと信じていると、やがてあなたは苦しむだろう。たとえば、出会った当時と彼の態度がぜんぜん違うことに苦しむ。でも実は彼に対するあなたの態度も変わったのである。同じ関係をキープしようとするなら、あなたはこれまでとは別の努力をする必要がある。それを知らない女性は、間違った努力や要求をし、より関係を壊していく。

また、あなた自身も一時的で次々と変わっていくことに気がつかないといけない。あなたは若いとき、いとも簡単に異性を惹きつけたかもしれないが、同じ戦略は今はもう使えないかもしれない。なぜなら、あなたが歳をとったからだ。すべてのものは次々と変わっていく。それを意識し受け入れることで楽になるし、その時々の自分たちの戦略を変えていくことで多くを得ることができる。今の自分を知り、今の自分にあった戦略を練るのである。

変わってしまった相手があなたを苦しめるなら、それは以前の彼と違う人物と考えるべきだ。彼がそうなった原因の一端はあなたにあるのだが、とにかく、あなたがあまりに苦しむのなら彼から離れるべきだ。彼は、あなたがかつて愛していた彼とは別の人物である。彼が変わらないと思っていたあなたの錯覚だったのだ。「出会った人は必ず別れる」ことを受け入れ、「すべては一時的で次々と変わっていく」ことを知り彼から離れよう。あなたが離れることで彼がその性格を変え戻ってくることも実はよくある。このように、「すべては一時的で次々と変わっていく」ことを知ることで、あなたは良縁を得やすくなり縁を持続させられるだろう。

手に入れたもので満足するものはない

あなたは手に入れた彼にやがて満足しなくなるだろう。どうやら人は「手に入れたもので満足しない」ように創られているようだ。それを知っておくと、あなたは彼に多くを求めなくなるだろう。それを知らない女性は、相手から限りなく満足を得ようとする。満足を与えなくなった相手にもっと会ってほしい、もっと電話してほしいとせがみ、彼を成長させるため、ダメ出しやら注文をする。しかし、これらの行為はほとんどの場合、彼を離れさせる原因になる。あなたが本気で好きになった相手とあなたが、もし付き合えたとしても、幸せな期間は短い。満足な関係を続けるためには、多くの努力が必要である。それは相手を変えることでなく自分が変わることである。一番良い手段は何か？　それは相手に期待しないことだ。

・相手はあなたを助けてくれない。
・相手はあなたを癒してくれない。
・相手はあなたのために存在していない。
・相手に期待しないことであなたは相手に優しくなれるし、相手を許せる。

彼の優しさに素直に感謝できる。彼が何もしなくても何の不満も感じない。それが普通だからだ。「手に入れたもので満足するものはない」ことを知り、相手に期待しないことで良い縁を持続できるようになるだろう。

縁をつくっているもの

この４つの諦めであなたは縁をより良くすることができるはずだ。冒頭で述べたが、良い縁を作るのは右の４つの諦めだけではない。あなたがもつ因果律が縁を作る要因のかなり大きな部分を決めている。ぜひ「第13章　運命は変えられるか？」を読んでほしい。また、あなただけではなく、すべての人がそれぞれ独自の縁を作る元、因果律を持っている。あなたの好きな人、あなたの恋人も例外ではない。彼が悪い因果律を持っていて、この4つの諦めを知らなければ、彼はあなたを苦しめるだろう。また病気や事故、不測の事態が縁を一瞬で変えてしまう。また突然の出会い、痛み、それによる考え方の大きな変化が縁を変える。それらは相手に起こるかもしれないし、あなたに起こるかもしれない。これらは不測であり、人がコントロールできるものではない。したがって我々は、それらを含めて最善を尽くすと同時に、諦めの心を持つ。それにより、良縁を得る可能性を高め、良縁を続ける可能性を高めるのだと僕は信じている。

もうひとつの方法

実は「縁」を変えるもうひとつの方法がある。それは「祈り」である。これは書こうかどうか迷ったのだが、とても意味があり、効果的なので、あえて書くことにする。ちなみに僕はいかなる宗教にも属していないし、いかなる特定の神も信仰していない。これは自分の経験と、マーフィー、ナポレン・ヒル、ジェームズ・アレイなど多くの成功哲学者の考えをもとに僕がつくった方法である。効果は保障する。

あなたに好きな人がいる場合、あなたが復縁したい人がいる場合、祈りはとても意味がある。あなたが信仰している神様がいるのなら、それに毎日祈ることだ。

「○○が私のことを好きになるようにしてください」

「○○ともう一度付き合わせてください」

「○○を手に入れるためのヒントをください」

あなたが特に何も信仰していないのなら、お守りでもだるまさんでも十字架でも何でもよいから、自分が信じられそうなものを自分のベッドなどのそばに置き、毎日祈ることだ。毎日毎日祈る。そのときに重要なのは「神様なら願いを叶えてくれる」と確信することだ。いくつかの成功哲学によれば、人間というのは、何かが自分にできると100％潜在的に信じたとき、それができるようになるそうだ。しかし、失った恋人を取り戻せると心の底から信じられる人がいるだろうか。普通はいないと思う。だから「神」という絶対的な存在を出し祈る。祈りは本当に効く。毎日、毎日祈る。そうすることで、実は縁の性質が変わる。縁とは「人力を超えた不思議な力」を含んでいる。それを我々が少しだけ変えることができるのだ。

僕の経験では毎日欠かさずに朝と夜に祈っていた場合、祈り始めて1か月程度で何かが変わってくる。そして3か月以上たつと、何か具体的な手応えが得られるはずである。欠かさずに祈った場合の話だ。1回でも忘れたら1から祈り直しである。1回に最低5分は祈ってほしい。手を合わせてきちんとした姿勢で祈ることだ。そうすると、その願いが叶う確率が格段に上がる。神がいるかいないかは関係ない。本気でそれをやると、叶う確率が上がるのは事実だ。ちなみにこれは恋愛に限ったことではない。すべての願いに言えることである。

2 最後に

あなたは「諦め」と「祈り」は互いに相反するように感じるかもしれないが、これらは同じ世界の上に存在するある性質の裏表である。恋愛の技術を習得し、男心を理解しきり、祈りによって欲しい男性が手に入り、維持できるようにあなたがなったとする。実はそのときこそ「すべてが手に入るわけではない」「出会った人は必ず別れる」「すべては一時的で次々と変わっていく」「手に入れたもので満足するものはない」という4つの諦めをより深く知ることになる。

そして、いつかあなたは、諦めと祈りが同じ方向を向くことがあるという事実に気がつくだろう。そのとき、あなたは決して失敗することがなくなる。縁を最大限に思い通りにできるのはこのときである。

付録　ぐっどうぃる博士の恋愛相談室

1　ブログ読者の恋愛相談

2　ぐっどうぃる博士の推薦図書

1　ブログ読者の恋愛相談

友達を好きになってしまった私

相談内容

はじめまして、Aと申します。好きな人のことでご相談させてください。相手は私よりも1つ年上で、友達に紹介してもらって知り合いました。彼は前に付き合っていた彼女のことを早く忘れるために、次の恋愛に進もうとして私と連絡をとり始めたようです。

何度か一緒に遊ぶうちに、私は彼のことを、とても好きになっていました。そのことは、彼も気づいていたようです。彼も何度か遊ぶうちに、私のことが気になり始めてきたようですが、やはり前に付き合っていた彼女を忘れられず、そのような気持ちで私と付き合っても私のことをちゃんと好きになれないとも思ったようです。それなのに彼は、私にキスをしてきたり、思わせぶりな言葉をかけてきたこともありました。

その彼が就職で引っ越すことになりました。引っ越す前に彼は「今までごめんな。おまえの気持ちを知っておきながら、それに応えてやれないまま苦しませたな。でも今オレはおまえのことを大切な友達だと思ってるんだ」と、私に謝ってきました。それから、本当は前の彼女のことが忘れられなかったことなど、今までのことをすべて私に話してきました。

そのとき、恋人ではなく友達の関係であることをお互いに確認しあったことをきっかけに、彼が引っ越した後も、お互いに日常生活での悩みや恋愛の悩みなどを相談するようになりました。辛いとき支え合ったりもしていますし、お互いバカにしあったり、ほめあったりと、普通の友達のような会話をしています。ちなみに、彼は前に付き合っていた彼女のことは完全にふっきれたと、この間話していました。

あくまでも友達という範囲で、私たちは良い関係を築くことができています。しかし、それでも私は、彼のことを異性として好きなのです。私にとっては、今まで出会ってきた男性の中で彼が一番好きなのです。これから先どうがんばっても、恋愛関係に発展させることは無理なのでしょうか？

ぐっどうぃる博士からの質問

♠質問1
引っ越してから、彼の周囲の環境は、どのように変化しましたか？

♥答え1
今、彼は疲れているようです。知らない土地や新しい環境に、まだまったくなじめず、職場にも女性がいないので、「彼女を作ろうとは思っていない」と言っていました。それから、来年には地元に帰って来るようです。

♠質問2

引っ越した後の彼に、どのように接しているかを、もう少し具体的に教えてください。

♥答え2

職場でのグチを聞いてあげたり、体調を崩したときに、朝寝坊しないように電話で起こしてあげたりしています。誕生日にもメールをし、プレゼントもしました。きっかけがあったので、私が写っている画像も送りました。メールや電話などでもよいのでしたら、この調子で彼を支えていきたいと思います。

ぐっどうぃる博士の分析と対策

お話を伺っていると、彼を恋人にすることはできるかもしれないと感じます。ただ、遠距離恋愛であることは気になりますね。人間は目の前にあるもの、常に見ているものに興味を持つものですから、目の前に魅力的な女性が現れたときに、そちらに行ってしまうかもしれません。「彼女を作ろうとは思っていない」という彼の言葉は本心かも知れませんが、それよりもAさんを安心させるための言葉と考えるべきです。寂しさというのは、彼女を作りたいという強い衝動を生みます。多くの場合、基本的に恋愛は寂しさから始まると言ってよいでしょう。彼は今寂しい環境にいますから、決して安心しないでください。

でも、それ以外の状況はそれほど悪くないと思います。彼と今のままの関係を続けてください。そのためには、まずD・カーネギーの『人を動かす』(巻末参照)を買って熟読してください。この本には、人の心の動かし方が書かれていますから、それを参考にしながら、相手を愛おしいと思う気持ちを込めてメールをしてあげてください。そうすれば、彼が弱ったり、仕事がうまくいかなくなったりしたときにチャンスが来ます。そのときまで、ずっと彼を支えてあげてください。そしてチャンスが来たらもっと支えてあげるのです。

基本的に彼の話をたくさん聞いてあげて、彼を尊敬し、支えることが大切です。ただし、愛されたいという気持ちを出してはいけません。「見返りは別にいらない、彼が幸せで健康でいることが私の幸せだ」という態度をとってください。彼が独りでいたいときや、何も話したくないときには、そっとしておいてあげるのです。その地道な行動は長い間に意味を持つでしょう。その空気をいかに読むかのヒントは、彼の電話の内容や、メールの端々に現れます。「第4章　男が本当に考えていることを知る方法」を読んでみてください。

今までAさんが彼にしてあげていることに対して、彼がうっとうしいという反応を示していないなら、かなりいい線をいっていると思います。今後、もし彼のメールの返事が遅れてくるようなら、自分からのメールをひかえてください。メールは、自分が出したいときに出すのではなく、相手が必要だなと思ったときに出すのがよいでしょう。電話も同じです。彼の電話での話し方が上の空だったりしたら、電話は早めに切り、それ以降はひかえめにしたほうがよいでしょうね。でも相手が楽しそうにいろいろな話をしてきたり、悩みをどんどん打ち明けてくる場合は、電話に意味が出るでしょう。電話での会話は『人を動かす』を参考にしてください。

それから、あなたがかわいく写っている写真を送るのはいいと思います。「人間は目の前にあるもの、常に見ているものに興味を持つ」という性質を逆に利用できるからです。何かあったとき、彼はAさんの写真を見て、Aさんを思い出すはずです。だから、とっておきのかわいい写真を送ってあげると効果的です。

1　ブログ読者の恋愛相談

付き合ったとたんに態度が変わる彼

相談内容

ぐっどうぃる博士、はじめまして、Bと申します。相談に乗ってください。今まで付き合ってきた男性は、付き合ったとたんに私と距離を置きたがります。付き合う前は、毎日たくさんメールをくれていたのに、付き合うとその瞬間からメールがぱったりと来なくなります。会うのも週1回で、特に出かけるわけでもなく、ただ部屋でダラダラするだけになってしまいます。

私はよく周りの人から、「尽くしすぎ」「わがままを言わなすぎ」と言われます。振られるのが怖くて相手に合わせてしまったり尽くしすぎたりしてしまうので、そのうちウザイと思われてしまうんでしょうね。ジョン・グレイさんの本を読みましたが、私はどう行動していいのか、まだコツがつかめませんでした。

先月彼氏ができました。相手から「会いたい」とは言ってくるのですが、これまた週1回の金曜日の夜のみです。メールもほとんど来ません。月末の休日に、会う約束はあるのですが、いまいちデートプランなどがハッキリしません。男性は、次に会ってデートをする約束があると、その間の数日間は「彼女をほっといても大丈夫だろう」って思うものなのですか？
私のような場合も、ぐっどうぃる博士がほかの方にアドバイスしているように、私からは何もせずに距離を置くのがよいのでしょうか？　ご意見をいただければと思います。

ぐっどうぃる博士の分析と対策

僕の考えを述べます。一般的に男性は相手を手に入れるまでがんばり、相手を手に入れたと感じたとたんに安心して、別の問題に取り組む傾向があります。別の問題とは、たとえば仕事や人間関係など、そのとき彼が解決しなければと考えているすべての問題のことです。つまりBさんと付き合い始め、手に入ったと思った瞬間に、Bさんとのことは彼の中で解決済みとなるわけです。ただそれは、Bさんを愛していないという意味ではなく、安心して忘れてしまっているということです。この安心感がずっと続くと、ほかの女性を手に入れようというモチベーションにもつながりますので、注意が必要です。

また多くの男性にとって恋愛がすべてではありません。仕事や友達なども同等かそれ以上に大切ですし、常に毎日、毎時間、女性をケアしようとも思っていません。男性のなかには、時々大きなプレゼントをすればよいだろうと信じている人もいるので、金曜日にデートをすると決めれば、それまで連絡をしなくても相手を満足させていると思っているかもしれません。

これらのことは、ジョン・グレイ博士の『ベストパートナーになるために』（巻末参照）に詳しく書かれていますので、ぜひ読んでください。

一方、女性の一部は人生のすべて、あるいは人生の多くが恋愛で占められているようです。このギャップは双方を苦しめます。

したがって、男性の恋愛に対する高いテンションを維持したいと思うなら、彼に「Bさんが手に入った」と確信させないために、「手に入りそうで、手に入らない距離」を維持する必要があるということです。

Bさんの場合は、相手から会いたいと言ってくるようですから、まだ良い状況と言えます。それに毎週末会いたいと言ってくるのであれば、それほどテンションが低いとは思いません。彼は恋がすべてになっているわけではないけど、彼なりにBさんを愛しているようにも見えます。ただ、付き合うまでは彼ががんばってデートプランを立てていたにもかかわらず、今はそれをしていないのであれば、確かに彼のテンションは下がっていると言えます。彼は安心してしまったのでしょう。欲しかった新製品を買ったら、すぐにそれに興味を失い、次に欲しいもののことを考えているといった感じかも知れません。

以上のことから、Bさんがすべきことは、次のようになると思います。

まず、今の彼のテンションを上げたいのなら、ある程度距離を置くのが効果的でしょう。とはいえ、この場合1か月間まったく連絡を絶つなどの極端な方法をとるのがよいとは思いません。自分からメールするのをひかえたり、相手からメールが来ても時間を置いてから返信するなど、頻度や量をある程度減らすのがよいと思います。電話も自分からかけるのはひかえ、相手にかけさせるようにします。そして話す時間は短めにします。

なお、これらの行動は相手を嫌いになれということではありません。相手に対する愛情をそのままに、距離を置くべきだということです。それは、相手に依存しすぎないということでもあります。

それと、相手に尽くしすぎているのなら、尽くしすぎるのをやめることです。自分が尽くすのではなく、彼が自分にしてくれたことを喜ぶようにすることです。彼が優しいときには、こちらも優しさで返し、彼がデートプランを立ててくれたときには素直に喜んで愛情を伝えましょう。一般的に男性は、自分がしたことを相手に喜んでもらえるのが一番嬉しいからです。また、尽くしすぎたり、相手にいろいろ求めすぎたりすると、Bさんも恋愛に疲れ、相手を憎んだり嫌いになったりします。なぜなら、それは優しさでも何でもなく、自分の欲望の裏返しだからです。だから、思い通りにならないと相手を嫌いになるのです。

もし、彼がしてくれたことが気に入らなかった場合、ダメ出しは避けます。ダメ出しをされると、男性は自分を否定されていると感じる場合があるからです。その場合、時間を少し置いてから、「自分はこういうことにあまり興味がなく、こういうことが好きなの」と、方向性を与えてあげます。

彼がいろいろしてくれたのなら、ときには、Bさんから彼に何かをしてあげてもよいでしょう。それは本当に自分がしてあげたいときに、無理のない範囲でしてあげることです。そのときは見返りを求めないようにしましょう。

僕がこれまで述べたことや、ジョン・グレイ博士が書いている本など（巻末参照）にあるようなふるまいを続けていると、二人にとって適度な距離のとり方、心の置き方にやがて慣れてきます。それが、長く良い関係を続ける秘訣だと思います。

1　ブログ読者の恋愛相談

社内恋愛で悩んでいます

相談内容

はじめまして、Cと申します。今、私（22歳）には付き合って1年弱の彼（25歳）がいます。職場で出会って付き合うようになり、今でも週に何回かは職場で会っていますが、周りには二人の関係を隠しています。

悩みは、彼が私のことを、ないがしろにしているということです。最初のうちは忙しい中でも二人の時間を作ってくれていたのですが、付き合い始めて2か月程経った頃から、二人で過ごす時間やメール・電話が、がくんと減りました。きちんと時間を作ってもらってデートをしたのは、もう半年以上前です。同じ職場なので、本当に忙しいのは見ていてわかるし、仕事に対して責任感の強い彼のことは尊敬しています。ただ、仕事の合間に時間がとれても、彼はいつも私よりも友達との付き合いを優先させます。さらに、先日私の誕生日だったのですが、私がメールでデートに誘っても反応がなかった上、「おめでとう」のメールすら何もなかったので、私は彼にとってそんなにどうでもいい存在なのだろうかという気持ちで頭がいっぱいになりました。

メールや電話をしても、ほとんど反応がないことや、二人の関係を秘密にし続けていくことに関して、これまで2回ほど大きなケンカをしましたが、2回ともきちんとした話し合いにならないまま今に至ってしまいました。

「冷めてしまった彼の心を取り戻す方法」（第9章参照）を拝見し、実行しようとも思いましたが、プライベートで実行しても、仕事中はどうしても話す必要があり、そのときは二人の関係を隠している以上、なごやかにせざるを得ません。そのような場合でも効果はありますか？

♠質問1

二人の関係を隠したほうがいいというのは、Cさんが言い出したことでしょうか？ それとも彼のアイデアですか？

♥答え1

関係を周囲に隠しておくことを言い出したのは、彼のほうからです。職場の同僚たちは、とても子どもっぽい人たちなので、仕事に支障が出ることを避けたい、というのが理由でしたが、本音を言えば、周りから冷やかされたり、ほかの友人から遊びに誘われなくなるのが嫌なのだと思います。

♠質問2
ケンカのときの二人の意見の食い違いを詳しく教えてください。
♥答え2
2回ほど大きなケンカをしました。1回めは連絡の頻度についてです。最初、私が「メールを返さなかったり電話に出ない状態が続くと、私は不安になるし悲しくなる」と言った後、数日間は連絡をちゃんとくれましたが、1週間もたたないうちに前の状態に戻ってしまいました。それに対して怒った態度を見せたところ、今度は逆ギレされ、話し合いにも応じてくれず、仕事中でも避けられる状態がその後1か月ほど続きました。そんななか、職場の仲間で旅行に行く機会があり、少しだけ二人きりになる時間がありました。そのとき、ふいに抱き寄せてきたので、ほっとしてしまい、「私も悪かったから、ごめんね」と思わず謝ってしまいました。それに対して彼は「うん、もういいよ」と言うだけでしたが、そのまま何となく仲直りしました。
もう1回は、前述のケンカについて、職場の友人の一人に思わず相談してしまったことがキッカケでした。それが彼にバレて気を悪くされてしまい、「付き合っている上でのメリットよりもデメリットのほうが大きいので、別れたほうがいいかもしれないと思う」とまで言われてしまいました。私は「私は好きだからそばにいたい」とメールを送りましたが、それに対して返事はありませんでした。

ぐっどうぃる博士の分析と対策

周囲に隠す関係は、束縛されたくない人に都合良く、束縛したい人に都合が悪いので、恋愛関係が壊れる原因となります。ただ、今の状態で皆に公開することを彼に提案するのは逆効果です。いずれ彼の心が変わるまで待ちましょう。

また、彼がメールの返信を出さないのは、彼の心の中にCさんがいないということの現れです。たとえばCさん、あまり興味のない人にメールを何度もきちんと出せますか？　ちょっと思い浮かべてください。家族でも友人の誰かでもかまいません。つい忘れてしまう人がいるでしょう。つまり、彼は一応恋人であるということへの義務感から、無理してあなたにメールをしているという状態なのです。でも心にいないから、うっかり忘れてしまいます。それを責められると、「オレは努力してるだろ！」と逆ギレしたくなってしまうのです。

つまり、Cさんの心にはいつも彼がいて、彼の心にはCさんがまったくいないのです。この違いが、会話のすれ違いの原因になっているのでしょう。

また、ジョン・グレイ博士の本（巻末参照）にもありますが、仲間との旅行中に彼がCさんを抱き寄せたとき、Cさんがそれを拒否もせず、自分からケンカのことを謝ったことから、それまでのことすべてが許されたと感じたのかもしれません。そのタイミングとCさんが職場の友人に彼とのことを相談したことを知ってしまったタイミングが近かったことが、なおさら彼の気分を害したのかもしれません。

以上のことから推測すると、彼の感じているデメリットは、あらゆる意味での束縛かもしれませんね。彼の心に1ミリもいないCさんは、「メールしろ」とか「愛しているから一緒にいたい」というプレッシャーをかけてくる存在なので、彼はCさんから、嫌な気持ちばかりを受け取っています。これは恋愛関係において最悪の状態です。

さて、対策ですが、職場以外で「冷めてしまった彼の心を取り戻す方法」を実行し、仕事中以外のプライベートでのコンタクトを完全に止めるというのがよいでしょう。それと『ルールズ』(巻末参照)という本を読んで実行するのも意味を持つでしょう。どちらも実行するときはきちんと読んでください。ちょっとした意味の取り違いが失敗を引き起こします。とにかく彼の心を取り戻したいのなら、彼の心の中に再びCさんが現れる必要があるのです。そのためには、実際のCさんが彼の目の前から消える必要があります。

ただし、彼に対して冷たい態度を無理にとる必要はありません。「嫌いになった」という姿勢ではなく、「興味がなくなった」という姿勢をとりましょう。もし彼に直接「最近感じ悪いよね」というようなことを言われたら、「ごめん、最近ちょっと疲れて」と口では否定して、相手を気遣って謝ったりします。「最近ちょっと疲れて」というのは「あなたに原因はない」という意思表示です。でも行動は「彼との関係を続けることに疲れてしまって彼に興味がなくなった」

という風にふるまってください。それから、共通の知り合いには決して嫌いになったとか興味がなくなったということは言わないでください。

その後1　彼の浮気

♥Cさん

あれからメールを送るのもやめ、職場でも必要以上に関わらないようにしていたところ、彼は何となく私のことを気にするような態度になりました。それからしばらくした後、彼と二人になる機会があり、態度も優しかったので、つい彼に体を許してしまいました。その後、特に彼が冷たくなることはありませんでしたが、付き合い始めの頃のような状態には戻っていません。大失敗だったと思います。

そのようなことで悩んでいるなか、さらにショックなことが判明しました。彼が浮気をしていたのです。相手は同じ職場のXさんです。今日ふとしたことがきっかけで、Xさんからそのことを打ち明けられました。彼は彼女にはっきりと「付き合おう」と言ったわけではないそうですが、そのような意思表示ともとれる言葉を言ったそうです。最初、彼女は私と彼が付き合っていることを知っていたので、遠回しに恋人の存在について彼に聞いたところ、「Cと付き合ってたけど別れた」と言われたそうです。私はそんなことは一度も言われていません。しかし、彼女はその言葉を信じて彼と付き合い始め、体の関係も持ったようなのですが、後から私と別れていないことが判明したため、彼とは別れるつもりだと言っていました。

今まで彼のことを信じていた私は、なんだったんだろうという気持ちでいっぱいですが、そんな彼でも、心の底ではやっぱり好きという気持ちがあります。彼がXさんの別れ話にどのような対応をするかはわかりませんが、私は彼と別れたくはありません。これから私はどうすればいいのでしょうか?

♠ぐっどうぃる博士

うまくいきかけていたのに、Cさんは途中で「冷めてしまった彼の心を取り戻す方法」をやめてしまったのですね。残念です。しかも体まで許してしまったのは大失敗です。恋愛に苦しむ人の多くは一時の感情に流されてしまう人です。駆け引きで一番難しいのは、自分の心のコントロールだと僕は考えています。あの方法が二度うまくいくかは保証できませんが、ほかに方法がありません。今度は徹底的にやりきってください。

さて、浮気についてですが、Xさんが彼と別れると言っても、実際にはどうなっているかわかりませんね。彼はもっともらしい言葉で、その女の子を動かそうとするでしょう。もしかすると、二号のXさんは、いつか彼を奪おうと思いながら、こっそり彼との関係を続けるかもしれません。というのは、Cさんと同じように、彼女もまた感情や恋愛回路から自由になれない人かもしれないからです。

また、Xさんが彼に別れ話をしたことが本当であれば、結果的に彼女は「冷めてしまった彼の心を取り戻す方法」を彼に対して行っていることになりますね。手に入れかけていたXさんが離れていくとき、彼の心は彼女にも引っ張られるでしょう。考えようによっては、彼女がずっと彼に尽くしてくれたほうがましだったかもしれません。

浮気相手のXさんへの対応ですが、彼女はCさんと彼との利害関係を共有しています。そして共通の友人でもあります。彼女の言っていることは本当の可能性もありますが、本当でないかもしれません。たとえば、彼女の口から聞いた彼の言動は、Cさんの気持ちを彼から引き離すという意図を持っているかもしれないということです。したがって、彼女に対してはCさんのことを何も伝えてはいけないし、彼のことを何も聞いてはいけません。

浮気をしていることがCさんにばれていることに気がついていない彼は、風船のようにXさんとCさんの間を漂っています。これは、XさんとCさんの魅力の対決であり、駆け引きの対決ですから、Cさんは「冷めてしまった彼の心を取り戻す方法」を実行しながら、Xさんよりキレイで魅力的にならないといけません。そして駆け引き上手である必要があります。そのためには、男を信じるのはやめましょう、大切なのは男を理解することなのです。

その後2　復縁

♥Cさん

あれから、再び気を引き締めなおして「冷めてしまった彼の心を取り戻す方法」を実践しなおしました。彼がXさんに振られていたこともあり、徐々に彼からの連絡も増え、12月半ば頃からは、ほぼ以前のような、むしろそれ以上に仲の良い関係になっていました。年越しや元旦も彼のほうから一緒に過ごそうとしてくれたり、忙しいなかでもなんとか細切れで時間を作ってくれたりしました。今年に入ってからは二人で旅行に行き、旅行先では指輪を買ってもらいました。それと合わせてなぜかネックレスまで買ってくれたので、「指輪だけでも十分なのに、なぜそこまでしてくれるんだろう?」と思っていたところ、なんと、彼と私の名前が彫ってあるペンダントヘッドを作ってくれていて、それをつけるためのネックレスも買ってくれていたのでした。今では、「オレの愛情ばっかり一方通行だよ〜」みたいなことも、冗談で言われたりするようになり、その後も二人の関係は順調です。本当にありがとうございました。

1　ブログ読者の恋愛相談

理由がはっきりしないまま別れを告げられた私

相談内容

はじめまして、Dと申します。相談させてください。

私（25歳）には、付き合って4か月の彼（38歳）がいたのですが、先日「忙しいし、なんとなく恋人よりも友達の関係でいたい」という理由で突然別れを切り出されました。忙しくて会う時間がとれないので、深夜に電話で1時間ほど話をし、「今は恋愛対象になっていないけど、友達でいたい。付き合ったことは後悔していない」「他の男を紹介することもしたくない」「君を自分の時間のペースに付き合わせるわけにはいかない」「また好きになるかもしれない」という話をされ、別れることになったのですが、何度も「友達としては連絡をとりたい」と言われたので、後から「私の気持ちが落ち着いたらまたメールします」と言ったところ、「いいことだー、オレを切るのはもったいないよー。心配だからいつでもメールしてー」と脳天気なメールがきました。

私としては、ケンカをする間も話し合うこともなく結論を出されて、イマイチ不完全燃焼だったこともあり、このままサヨナラで美しい思い出にするよりも、ほかの人を探しながら友達として復活のチャンスをうかがおうかと思っています。そこで先の彼からのメールに対して、「心配いらないよ、楽しくやってるから」と返信したところ、その後、別れる前はあまり来なかったメールの返事が必ず返ってくるようになり、最近は彼からのメールの数が増えてます。

いったい彼は何を考えているのでしょうか？ うっとうしいと思って離れた、今の距離感がちょうどよい、なぜなら都合のよいときに復縁できるし、責任もないから、といった感じでしょうか。そして復縁するためにとるべき方法は、どのようなものがあるのでしょうか？

ぐっどうぃる博士からの質問

♠質問1

別れた後、彼との肉体関係はありますか？ もし彼と付き合いたいのであれば、付き合うまでは絶対に体を許してはいけません。

♥答え1

別れてからは体の関係はありません。

♠質問2

彼は独身ですか？

♥答え2

独身です。以前、自宅に泊まりに行きました。

♠質問3

彼とどのようにして出会ったのですか？　付き合うまでの経緯と、そのときの彼のテンションを教えてください。

♥答え3

知り合ったのは、本人証明がいる出会い系です。1か月半の間に5〜6回デートをして、その後寝てから付き合い始めました。彼は、なかなか口では自分の気持ちを言わない人なので、「好きだ」と口にしたのは私のほうです。

♠質問4

彼の言葉で印象的だったものを知りたいです。

♥答え4

「オレも好きだよ」と「案外モノを知らないんだね」です。

♠質問5

彼はどのような性格だと思いますか？

♥答え5

ナルシストとは言わないけれど、自分の思想や思考に自信があるタイプでロマンチストです。

ただ、社会人になってから長いので、それなりの柔軟性はあるとは思います。ペシミスティックで皮肉屋。職業柄いろんな知識は本当に豊富です。

恋愛においては、過去長い間、年上の同業者と付き合っていて、数は多くないそうです。自分に合った人を探している感じで、自分が相手に合わせるということはなさそうです。かき回すタイプの女の子は最初から避けると思います。

♠質問6

彼は誠実ですか?

♥答え6

出会いが出会いなので、いろいろと疑ってはいたのですが、彼は私と付き合うと同時に出会い系を退会し、「結婚も考えなくはない」と言っていたので、それほど遊び人とは思えません。私はちゃんと「彼女」だったそうです。

ぐっどうぃる博士の分析と対策

彼は誠実さがなければ恋愛は楽しめない、ということを知っている男性だと思います。過去に誠実でないがゆえに苦しんだことがあるかもしれません。おそらく年上の女性と付き合っていたときに、そのような出来事があったと考えられます。彼が一番嫌っているのは恋愛で自分が傷つくこと、罪悪感を感じることです。したがって、痛みが少ない方法を常にとるようにしているのだと思います。そして、その範囲のなかで幸せな恋愛をしたいと思っているし、自分に痛みを感じさせない魅力的な女性を探しています。

だから、もしかしたら彼は、また出会い系を始めているかもしれません。Dさんと別れている今、出会い系をしてはいけないという理由はありません。

彼が自分から「付き合いたい」と言わなかったのは、彼はあなたを抱いてもよいけど、付き合いたいと思うほど好きではなかったからだと思います。しかし、あなたが「付き合いたい」と言ったので、「誠実さがなければ恋愛は楽しめないということを知っている」彼は、付き合うことを承諾したのだと思います。

Dさんの失敗は、彼があなたを好きになる前に、彼に好き好き光線を浴びせ、肉体関係を持ち、彼に付き合いを迫ったことです。まず彼のほうからあなたを好きになるようにし向ける必要がありました。彼は初めからあなたと付き合うほど好きではなかったので、付き合っている間に、Dさんをうっとうしいと感じるようになり、Dさんと一緒にいても楽しくないと感じるようになりました。これは彼の罪悪感から来ていると思われます。「オレはDを利用しているかもしれない」と彼は無意識に感じたのでしょう。また、彼は時間をとても大切にしていますから、これから先一緒にいる未来を想像できないDさんとの関係に、時間を費やすことを嫌ったのだとも言えます。そして、Dさんと別れ、距離を置いたのだと思います。

しかし、今の距離を保つと彼はあなたに何の責任も感じずに済みます。同時に彼の時間は自由になります。そうすると気が楽になり、いろいろなことを言えるようになります。だから時には軽い言葉も口にするのでしょう。また、その距離を保つことにより、彼があなたに行っているサービスに意味が生まれます。

「オレを切るのはもったいないよー。心配だからいつでもメールしてー」というのは、彼に責任のない距離感で、「君をキープしたい、その距離なら僕は君にサービスできる」という意味でしょう。

以上のことから彼を手に入れるのは難しいと思います。付き合うことはできるかもしれないけれど、結婚までとなると大きな犠牲を伴うでしょう。

そこで、次の3つがDさんのするべきことだと思います。

1　今は彼と付き合うのは無理でしょう。復縁には半年から1年を要するかもしれません。まずDさんは、次のような距離をキープすることです。まず、彼が連絡してくるペースでDさんも連絡すること。そしてDさんからデートに誘ってはいけません。彼が「寂しい」とか「最近どう?」など、彼がDさんに会いたいと思うときに会い、そのときは最大限に楽しませてあげましょう。その状態で、彼の精神状態が変わるまで待ちます。たとえば、体や心が弱っているとき、彼がDさんをいとおしくなる時期が来るでしょう。なお、復縁するまでは体の関係を持ってはいけません。彼に罪悪感が生まれ、Dさんをうっとうしいと感じてしまいます。

2　時々、人生相談や、ささいな相談を持ちかけて、彼の考えや世界観を引き出してください。そして彼の助言を聞いたあとで、彼に感謝し、尊敬してあげてください。その通りにしてうまくいったら、「さすが」とほめましょう。彼の一番の理解者・支持者になります。『人を動かす』（巻末参照）という本を買い熟読してください。

3　彼が弱っていたら、必ず支えてあげてください。「あなたはすごい、何でもできるんだ」と言ってあげるのです。それは1つのチャンスです。このようにしてチャンスを待ちます。

1　ブログ読者の恋愛相談

離婚歴がある彼との復縁

相談内容

はじめまして、E（25歳）と申します。別れた彼（29歳）と復縁したくて相談させていただきます。私たちは8か月間交際していましたが、2か月前あたりから、彼の様子がおかしくなりました。それまでは、どんなに仕事が忙しくても私と会ってくれていたのに、急に連絡が途絶えがちになりました。私は、あまりの変わりように、浮気ではないかと思い、ある日彼の携帯を見てしまいました。すると、そこにほかの数人の女性達との浮気ととれるようなやりとりがあったため、つい感情的な態度を彼にぶつけてしまいました。

彼は浮気は否定したものの、私が携帯を見たことに対して腹を立て、そのままケンカ別れしてしまいました。数日後、彼はメールでそのことを謝ってきましたが、その後2週間ほど連絡がとれなくなりました。たまに短いメールが来ることもありましたが、すぐメールを返しても電話をしても返事がありません。私は必死で彼からの連絡を乞いました。

その後、しばらくしてから、彼と会って話すことができましたが、「曖昧な関係がもう辛いのではっきりさせて」と私が言ったところ、結局別れることになりました。そのとき、「もう連絡しないでください」と言ったのですが、その後も彼からの連絡がありました。そしてもう一度会ったのですが、会った後で「いろいろと悩みを抱えているので、もう少し時間をください」という内容のメールがありました。

それから2週間経ちます。彼はその間ほとんど毎日メールをくれます。でも前と比べて頻度は減っています。私は彼からメールがくれば返事をするくらいにしています。また、その後3回彼と会い、体の関係もあります。

彼は本当はどう思っているのでしょうか？　だんだんとメールがなくなって、自然消滅をねらっているつもりなのであれば、私から連絡を絶ったほうがいいのでしょうか。「浮気やほかに女ができたということじゃない」と彼は言っていますが、彼の行動からは信用できません。それでも、私は、やり直せる方法があれば、なんでもしたいと思っています。どうかいいアドバイスをください。

ぐっどうぃる博士からの質問

♠質問1

彼は独身でしょうか？

♥答え1

独身ですが、実は、付き合い始めて1か月ほどして、彼には子どもがいるということ、過去に子どもができたから結婚したが、妻とはすぐに離婚した、ということを打ち明けられました。私は彼のことを真剣に好きになっていたので、そのまま付き合いは続きました。

♠質問2

彼とどのようにして出会ったのですか？ 付き合うまでの経緯と、そのときの彼のテンションを教えてください。

♥答え2

同じ趣味で知り合い、付き合うようになりましたが、順調だったと私の中では思っています。彼からは、「一生一緒にいてください」「オレがもう少し将来のことや生活に自信がついたら結婚してください」と言われていました。

♠質問3

ほかに彼のことで気になることはありますか？

♥答え3

実は、彼と連絡がとれなくなっている間に、彼の学生時代の友人の女性と会う機会があったのですが、彼が子どものことや離婚の経緯について私にウソをついていたこと、そして私と付き合っている間も、その彼女に対して、あわよくば付き合おう、という態度をとっていたことを知らされました。彼女は彼を最低な男だと言い、彼と別れるべきと私に助言してきました。後から確認したところ、離婚はしていたようです。

ぐっどうぃる博士の分析と対策

彼は、Eさんを好きなのでしょうが、同時にほかの女性とも付き合いたいと考えているため、Eさんとの結婚を決心できていないようです。彼は浮気性ですね。

うまく行かなくなったのは、Eさんが彼に心を奪われ、執着したからです。そうなると、彼がもともと持っている浮気ぐせが発症します。この浮気ぐせが、彼の離婚や恋愛がうまくいかなくなる原因となっていたのかもしれません。

一方、彼がEさんとの関係を維持できないと考えれば、彼の意識はEさんに向きます。とはいえ、彼の浮気ぐせは直らないかもしれません。その場合、「冷めてしまった彼の心を取り戻す方法」（第9章参照）のような荒療治を実行するか、「手に入りそうで手に入らない距離」を維持することで彼に強い恋愛回路を作る必要があるでしょう。しかし、それでも直らない人は直りません。Eさんはまだ25歳です。女性としての魅力があるうちに、ほかのもっと良い男性を探すのも手だと思います。

さて、以上のことから、Eさんがすべきことは次のようなことだと思います。

彼の心を取り戻したいのであるなら、彼に執着するのはやめてほかの男性を探すことです。執着をなくすことで、彼がEさんを引き止める行動に出るかもしれません。去り際に彼を責める必要はありません。黙って彼から去っていけばよいのです。メールの数を減らし、文字数を減らし、「私はあなたのことは好きだけど、疲れてしまったので、私を誠実に愛してくれる男性を探す」という役を演じてください。そのときは別れを覚悟して行動してください。

その後の進展

♥Eさん

あれから、最近知り合って私に好意を持ってくれていた男性と食事に行ったり、別のことをしているうちに、だんだんと、彼への執着がなくなり、彼からのメールへの返事を忘れてしまうぐらいになってきました、すると今度は彼の方から、「最近どうしたの?」とか何気ないメールが立て続けに入ってくるようになりました。それでも返事をしないでいると、夜に電話が何度も連続でかかってきたりするようになり、「愛している」とか「よりを戻してくれないか」とも言われました。私のほうからは、そのことについての返事はしていません。というのは、彼のメールは、不安になった彼が私をつないでおくために出したものだろうと予想したからです。

そこで、それを確認するためにも、返事を出さないでいると、電話がありました。それにも出ずにいたところ、それから2日後、「いつか会ってくれないか?」とメールがきましたが、とりあえずそれも放置しておきました。すると数時間後に、「もうオレ達は終わりなの?」と来たので、翌日に「忙しいから会える日がわかったら早めに連絡ください」とメールしました。しかし、それから具体的な日取りを決める内容のメールはありませんし、よりを戻すことも、「愛してる」と言ったことについても、触れてきません。なので、予想はしていましたが、彼は私に自分のことを好きでいさせたいから、あのような行動に出たのだと思いました。

彼の行動の意図が読めるようになるとともに、前のように、復縁したくて彼に執着するという気持ちはなくなりました。なので博士にアドバイスをいただいた通り、ほかの男性も視野にいれつつ、彼のことを考えていこうと思います。

博士のおかげで、私は本当にびっくりするほど、考え方が変わりました。ホントに目から鱗という感じです。「人は言葉では簡単にウソをつけるが、行動でウソをつくことは難しい」という博士の言葉は、少なくとも私の中では歴史に残る名文句だと思っています。

♠ぐっどうぃる博士

順調に進展しているようですね。おそらく彼はもうEさんのことを大好きになっています。

彼に強い「恋愛回路」ができたのです。このように恋愛回路ができたとき、人は変わります。ただ、彼が元々持つ浮気性の性質は変わりにくいので、ゆっくり考えて結論を出してください。

しかし、実はEさんの心の動きも典型的です。恋人の心が戻ってくると、その恋人をどうでもよくなる女性が時々います。夢から覚め、急に恋人が小さく見えてしまうようなイメージです。

Eさんは駆け引きというものがわかり始めてきましたね。実は駆け引きがわかってからが大切なのです。表面的な駆け引きのテクニックだけでは幸せになれません。ぜひほかの章も読んでみてください。人生は短く、一度しかないのでお互いに楽しみましょう。僕もEさんを応援しています。

それから約1か月後

こんばんは、以前相談させていただきましたEです。今日彼と復縁しました。今回、相談させていただいたことをきっかけに、人の動向に強い興味をもちました。これからも勉強します。いつか私が今よりもっともっと深いところまで理解できたら、博士ともお話してみたいです。本当にありがとうございました。

2　ぐっどうぃる博士の推薦図書

●『ベスト・パートナーになるために』

ジョン・グレイ著　五六〇円（税込）　三笠書房

女性の知らない男心がここに書かれている。お互いの関係がうまくいかないときや、男心がわからなくなったとき、この本は大きなヒントをくれるだろう。

●『ルールズ（THE RULES）―理想の男性と結婚するための35の法則』

エレン・ファイン、シェリー・シュナイダー著

六〇〇円（税込）　KKベストセラーズ

この本の内容は少し過激だが、駆け引きのスタイルを提案してくれる。駆け引きなどしたことのないあなたが、もし恋愛でまったくうまくいっていないのなら、これを読んでみてほしい。

●『人を動かす』

デール・カーネギー著　一五七五円（税込）　創元社

これは男性の心ではなく、人間の心に働きかける本で、相手の心を動かすときにとても使える。現実世界で、童話「北風と太陽」の北風になっている女性がなんと多いことか。この本を読めば、あなたは旅人の服を脱がす手段を手に入れられる。

●『箱―Getting Out Of The Box』

ジ・アービンガー・インスティチュート著

一五七五円（税込）　文春ネスコ

この本の帯には次のように書かれている。

「君には問題がある。そのことは職場の人たちも知っているし、奥さんも知っているし、義理のお母さんも知っている。そしてご近所の人たちも知っている。問題なのは、君自身が知らないということだ」

なぜ彼はあなたを理解してくれないのだろう？　これほどまで彼に優しさを伝えているのに、なぜ伝わらないのか？　彼があなたをわかってくれないとき、彼もあなたもある心理的なワナにかかっている。そのワナから逃れられない限り、問題は解決しない。そのワナがどういうものかを教え、そこからどう逃れるかを教える本。

この本は現在手に入りにくいようだ。図書館などで探してほしい。

【著者紹介】

ぐっどうぃる博士

愛知県生まれ。男性。2000年に生命科学の分野で理学博士号を取得。

2004年9月より始めた「ぐっどうぃる博士の恋愛相談室」ブログで恋に悩む女性の人気を集める。

「ぐっどうぃる博士の恋愛相談室」

http://www.rennai-senmon.com/blog_goodwill/

ぐっどうぃる博士の恋愛相談室

男が本当に考えていることを知る方法

2006年 6月20日　第1刷　発行
2006年10月20日　第2刷　発行

著　者　ぐっどうぃる博士
発行者　高田　信夫
発行所　株式会社　高陵社書店
〒101-0064　東京都千代田区猿楽町 2-8-10
TEL 03-3292-7408　FAX 03-3292-7409

印刷・製本／壮光舎印刷株式会社
装幀・挿絵／岩佐カオル　ページデザイン／渡邊　誠
ISBN4-7711-0653-3 C0095　Printed in Japan